# 小学语文课里的秘密

# 秘密

## 博物通识课·六年级

范新越 / 著　　施咏梅　栾兴泉 / 绘

山东教育出版社
·济南·

图书在版编目（CIP）数据

博物通识课 . 六年级 / 范新越著；施咏梅，栾兴泉
绘 . — 济南：山东教育出版社，2024.4
　　（小学语文课里的秘密）
　　ISBN 978-7-5701-2764-1

　　Ⅰ . ①博… 　Ⅱ . ①范… 　②施… 　③栾… 　Ⅲ . ①小学语
文课—教学参考资料 　Ⅳ . ① G624.203

中国国家版本馆 CIP 数据核字（2023）第 230248 号

BOWU TONGSHI KE · LIU NIANJI

博物通识课·六年级 　　　　　　范新越 / 著 　　施咏梅　栾兴泉 / 绘

出 版 人：杨大卫
主管单位：山东出版传媒股份有限公司
出版发行：山东教育出版社
　　　　　地址：济南市市中区二环南路 2066 号 4 区 1 号 　　邮编：250003
　　　　　电话：（0531）82092660 　　网址：www.sjs.com.cn
印　　刷：雅迪云印（天津）科技有限公司
版　　次：2024 年 4 月第 1 版
印　　次：2024 年 4 月第 1 次印刷
开　　本：787 毫米 × 1092 毫米　1/16
印　　张：11.5
字　　数：148 千字
定　　价：48.00 元

（如印装质量有问题，请与印刷厂联系调换）印厂电话：010-85854482

# 目录

# 第一章

# 草原

阅读《草原》这篇散文，草原的美景令人心驰神往，草原居民的热情好客令人印象深刻。

# 蒙古包

　　蒙古包是草原游牧民族的特色建筑，也称作穹庐、毡包、毡帐，在内蒙古草原上极为常见。它外表美观、拆装便捷且具有出色的保暖功能，是草原上一道独特的风景线。

　　提到草原上的房屋，很多人会想到帐篷，常常将帐篷和蒙古包混淆。蒙古包是牧民在草原上生活多年后，总结出的搭建"家"的方法，它是游牧民族的重要生活用品。在了解蒙

古包的结构和功能之前，我们先来了解一下游牧民族的生活习惯吧。

　　草原上的民族往往依靠畜牧业生存，养的牛羊要吃草，一个地方的草吃完了就要去另一个地方。人要适应牛羊的生活习性，跟着牛羊住在牧草茂盛丰美的地方，这就要到处游走着放牧，所以草原上的民族大多过着游牧生活。

　　游牧生活要到处游走，当然不能建造那种固定不动的房屋。他们居住的屋子需要满足游牧生活的需要：一要结实，不能风一吹就散架；二要容易拆装，方便搬家的时候随时拆卸、随时安装；三要材料轻便，天天背着大砖头在草原上跑肯定不行。

　　游牧民族根据一代又一代的生活经验，总结出一套经典的蒙古包搭建方法。蒙古包的搭建分为四步：第一步，选好地

**畜牧业**
生产动物性产品的产业。利用已经被人类驯化的动物，通过人工饲养、繁殖，来获得肉、蛋、奶、绒毛、毛皮等产品的基础产业。

尼龙
一种纤维材料，是世界上第一种合成材料，耐磨性强，常用来做绳子、渔网等物品。

址，在地上画个圈，确定好蒙古包的中心点，并固定一个中心杆；第二步，用结实轻巧的木头架起一个环形的、网状的结构，这就是蒙古包墙壁的骨架，做骨架的时候要在适合的地方留出门的位置；第三步，在已经架好的框架上绑尼龙绳子，把它一圈一圈围起来加固，加固之后，再用木头往上搭，搭出一个圆锥形的尖顶；最后，在蒙古包的里面、外面都围上厚厚的毯子，把它打扮得漂漂亮亮的，蒙古包就完成了。在地上铺上厚厚的毯子，摆上家具和摆设等，蒙古包顶上有个窗透气，可以确保内部通风良好，这样蒙古包里面就和砖瓦房里面没什么区别了。砖茶在蒙古族的饮食文化中占有重要地位，他们饮用的茶汤的同时，还会在茶里泡炒米、奶酪、奶皮等食物。

游牧民族在蒙古包内的日常生活简单而有序。蒙古包的门一般朝东南方向开，老人和儿童住在蒙古包西北角，年轻力壮的家庭成员住在蒙古包东南角，这样，青年们可以早早出门劳作而不打扰老人和孩子。

　　外形独特、结构精巧、生活功能齐全的蒙古包，折射出了
独特的游牧民族风情。

# 鄂温克人

鄂温克族是东北亚地区的一个民族，"鄂温克"的意思是"住在大山林中的人们"。

我国鄂温克族的祖先世世代代生活在黑龙江、内蒙古东部地区的山林中，过着狩猎采集游牧生活。他们在大山和森林中形成了独特的生活方式与民族文化，衣食住行各方面都独具特色。

鄂温克族的服装别具一格，冬天的大衣用动物的皮毛制成，包括鹿皮、羊皮、狍子皮等当地常见动物的皮。夏天的衣服多用布制成。妇女穿连衣裙，衣领宽大，上身窄，裙摆宽，已婚妇女的袖口缝着彩色镶边；男人穿着开衩的外袍和宽松的长裤，打猎时便于行动。因为山中生活需要遮阳，打猎需要避免蚊虫叮咬，鄂温克人都戴着帽檐很长的尖顶帽子，脚蹬长筒靴。

鄂温克人的祖先以打猎捕鱼为生，以肉类为主食，几乎每天都吃打猎得到的鹿肉、狍子肉、野猪肉或者捕鱼得到的鱼肉。他们会将平时吃不完的肉切成条，晒干了随身携带，打猎的时候当干粮吃。鄂温克人很少吃蔬菜，仅仅采集一些野葱，做成咸菜，搭配肉食用，防止吃肉多了油腻。

鄂温克人通常住在圆锥形建筑物中，建筑物是用木片搭建的，因为在山林里打猎要到处走动，建筑物要随拆随建。驯鹿

**狍子**

体长约 120 厘米，重约 30 千克，有着细长的颈部及大眼睛、大耳朵。无獠牙，后肢略长于前肢，尾短，尾根下有白毛。狍子是一种喜欢成对活动的动物。

**驯鹿**

一种珍稀动物，身长 120—220 厘米，肩高 87—140 厘米；无论雌雄皆有角，长角分枝繁复，蹄子宽大，尾巴极短，身体上覆盖着轻盈但抗寒冷的毛皮。

曾是鄂温克人唯一的交通工具，号称"森林之舟"。

　　鄂温克人祖先过着原始、质朴的生活，当现代化的潮流来临时，有人选择保留过去的安静生活，有人选择拥抱现代生活。德高望重的鄂温克女酋长玛利亚·索一直生活在森林里，陪着她的驯鹿，空闲时做着针线活，享受着山林里古朴宁静的生活，直至 2022 年 8 月 20 日去世。新一代年轻人在山下建立了新城市。无论是哪一种选择，都体现了对生活本真的热爱。

# 奶豆腐

　　奶豆腐是内蒙古草原居民的特色美食，因为它由牛奶、羊奶或马奶等经过凝固和发酵制成，形状方方的像豆腐一样，所以叫奶豆腐。

　　奶豆腐可以说是奶的精华，需要大约十几或二十斤鲜奶，才能浓缩成一斤奶豆腐。浓缩出来的奶豆腐蛋白质含量高达 70% 以上。它不仅蛋白质含量高，所含蛋白质种类也很

**蛋白质**
一种营养物质，是组成人体一切细胞、组织的重要成分，与人类的生命活动密切相关。

丰富。

奶豆腐按照干湿状况不同，可以分为湿奶豆腐和干奶豆腐两种。湿奶豆腐就是我们常说的奶酪，干奶豆腐也叫奶疙瘩。

奶豆腐按照制作原料分类，可以分为生奶豆腐和熟奶豆腐。生奶豆腐原料是新鲜的奶，熟奶豆腐的原料是煮过的奶。

传统生奶豆腐的做法比较简单，先取新鲜的奶，发酵使其变酸后，倒入锅里煮，直至奶变成一块一块的形状。随后将奶块包在纱布中，挤压去除水分，再装入模具中，等它成形即可。

传统熟奶豆腐的做法较为复杂，需要先取鲜奶在锅里熬，煮出浓缩的奶浆，放置几天，等它发酵完成。当奶浆凝结成块状时，用纱布过滤水分，随后将得到的固体放在锅里，用恰到好处的小火煮，边煮边搅，直到感觉它已经是黏糊糊的状态了，再装进纱布里，挤出水分，放入模具中压制成形。

奶豆腐可以直接含在嘴里吃，也可以泡在热茶里，等它变软后再吃。当然，如果你比较豪放的话，可以直接大口咬着吃。

**发酵**
指人们借助微生物的生命活动，来制备特定产品的过程，主要应用于食品工业、生物、化工等领域。

**过滤**
利用开孔极小的多孔介质，将液体和不溶于液体的固体分离开来的一种方法。比如用过滤网过滤掉水中的泥沙。

## 博物小练

刚才我们了解了蒙古包、鄂温克人和奶豆腐，现在我们来检验一下学习成果吧。

1. 搭建蒙古包的第二步是？（　　）

A. 划定范围　　　B. 搭建骨架　　　C. 铺上毯子

2. 鄂温克人生活在什么地方？（　　）

A. 西亚　　　B. 东北亚　　　C. 中亚

3. 奶豆腐富含哪种营养物质？（　　）

A. 糖类　　　B. 脂肪　　　C. 蛋白质

【答案】

　　1.B；2.B；3.C

## 博物点读

（2021·合肥市期末考）

同学们，牛奶营养价值高，很多同学都有每日饮用牛奶的习惯。你对牛奶了解多少呢？今天我们就来学习一下牛奶的相关知识吧。

材料一：

### 营养成分表

| 项目 | 每份 | 营养成分 |
| --- | --- | --- |
| 能量 | 280 kJ | 3% |
| 蛋白质 | 3.2 g | 5% |
| 脂肪 | 3.8 g | 6% |
| 碳水化合物 | 5.0 g | 2% |
| 钠 | 53 mg | 3% |
| 钙 | 100 mg | 13% |

**贮存条件：**
未开启前，无须冷藏；开启之后，请贮存于2~6℃，并于2日内饮用完毕。

**友情提示：**
1. 切勿带包装置于微波炉内加热。
2. 本产品非婴幼儿食用，适合三岁以上儿童。
3. 如有少量沉积物，属于正常现象，可摇匀后饮用。

保持环境清洁，请勿乱扔空包。

材料二：牛奶虽然营养全面，但是喝牛奶不能贪多。牛奶属于温热的补品，喝多了，特别是小孩子，容易出现上火的症状。营养学家建议每日早晚各一杯牛奶，总量控制在每天 500 毫升以内为宜。

结合材料一，我们知道这款牛奶不包含的营养成分是（　　　）。
A. 碳水化合物　　　B. 铁　　　C. 钙　　　D. 蛋白质

【答案】

　　B

【解析】

　　结合材料一中牛奶的"营养成分表"可知，牛奶中不含有"铁"，应该选择 B 项。

# 游牧民族的生存智慧

俗话说得好，一方水土养一方人。游牧民族就是在独特的地理环境中，形成独特生活方式的民族。

游牧民族，狭义上指的是草原上到处游走、以放牧为生的民族；广义上指所有不定居的民族，草原民族、渔猎民族都属于游牧民族。草原民族以放牧为生，渔猎民族以捕鱼、狩猎为生。和定居的农耕民族不同，游牧民族居无定所，会随着自然条件的变化而迁徙。这种生活方式使得他们与大自然建立了密切的联系，他们熟知每一个地方的气候、地形、植被，甚至每一片草场的特点。

草原民族以放牧为生，放牧的牛、羊要吃丰美的草，哪里的草茂盛牛羊就在哪里生活，人也跟着牛羊在当地定居。早春时，春天的脚步先到达草原南部，草原南部先长出绿草，人就随着牛羊暂住在草原南部；晚春时，草原北部的草也长出来了，而草原南部的草被牛羊吃得差不多了，人就随着牛羊迁徙到草原北部。这样，根据各地绿草渐次生长的规律，牧民们让牛羊轮流吃每个地方的草，不至于把一个地方吃秃而破坏环境。这就是草原民族的生存之道。

游牧民族依赖自然，崇拜自然，也探索自然。最早的游牧民族巫医不分，巫师的职责除了占卜，还包括部落外交、传授知识和给人治病。久而久之，各部落的生活经验不断传承和迭代，留下来的知识就越来越实用了。"蒙医"这个传统医学体系就是内蒙古一带的游牧民族创建的。1949 年以后，为了让医疗资源下沉乡村，许多"赤脚医生"下乡，行走各处为村民治疗疾病，"赤脚医生"中就有很多"蒙医"传承人的身影。游牧民族在长年累月的生活中与大自然打交道，充分探索自然，积累下来的"蒙医"技巧实用性强、易于操作，行走的"蒙医"造福了偏远地区的居民，能让居民们不用专门去大医院就可以治病。游牧民族的生存智慧令人赞叹。

## 第二章

## 长征

漫漫长征路，星火可燎原。我们不能忘记长征路上牺牲的战士，没有红军战士的付出，就没有我们今天的幸福生活。

重走长征路 追寻红色足迹

# 博物积累

## 乌蒙山

**山脉**
沿一定方向延伸、包括若干条山岭和山谷组成的山体，因像脉状，而且有某种整体性质可以一起称呼，所以称之为山脉。

乌蒙山位于贵州、云南一带，山脉主体沿着东北—西南方向延伸，是金沙江和北盘江的分水岭。乌蒙山在贵州境内的主峰叫韭菜坪，海拔 2900.6 米，为贵州最高峰。

早在唐代，在今云南省昭通市一带，活跃着一个名为"乌蛮"的部落。到了大约 11 世纪，这个部落逐渐强大起来，号称"乌蒙部"。宋朝时，朝廷封这个部落的首领为"乌蒙王"。乌蒙山便因此得名，且沿用至今。

乌蒙山高峻耸立，是许多大江大河的发源地。长江流域的乌江、赤水河，以及珠江上游的南盘江、北盘江的源头都在乌蒙山。

乌蒙山一带夏季十分凉爽，是有名的避暑胜地。云雾绕着一片青葱的山腰，凉爽的气息扑面而来，溪流从山间缓缓泻出，置身其间，心旷神怡，水光山色尽收眼底。

去乌蒙山旅游的时候，除了赏景，还可以领略不一样的民族风情。乌蒙山一带有**彝族**的聚居地区，彝族老乡的**火把节**就在夏季。每到火把节，老乡们举着火把载歌载舞，青年男女互诉衷肠，好不热闹。跳动的火苗，伴随着此起彼伏的歌声，衬着别样的山水，别有一番风味。

**彝族**

原称"夷族"，是中国第六大少数民族，中国最古老的少数民族之一，语言为彝语，文字为彝文，主要分布在云南、四川、广西、贵州一带。

**火把节**

彝族、白族、纳西族、基诺族、拉祜族等民族的传统节日，有着深厚的民俗文化内涵，被称为"东方的狂欢节"。不同的民族举行火把节的时间也不同，大多是在农历六月二十四，主要活动有斗牛、斗羊、斗鸡、赛马、摔跤、歌舞表演、选美等。

# 金沙江

金沙江源头在青海，穿行于四川、西藏、云南之间，到达四川宜宾地区后汇入长江。金沙江全长 3481 千米，流域面积 50.2 万平方千米。金沙江中的水主要来源于雨水，部分来源于地下水和冰雪融化形成的水。

由于金沙江的泥沙中混杂有金子，所以得名"金沙江"。

三国时期，金沙江被称为泸水，诸葛亮就曾在五月渡过泸水，深入不毛之地平定叛乱。到了宋朝，人们发现金沙江河边可以淘到金子，有"黄金生于丽水"的说法，丽水就是金沙江的古称。明朝地理学家徐霞客经过实地考察，推测金沙江是长江的源头。

金沙江沿岸的沙子里面为什么能淘到金子呢？我们先来了解一下附近的地理环境吧。金沙江附近的山脉上有许多岩石，表面一层的岩石多为砾岩，砾岩由沙砾碎屑组成，结构比较松散，水流一冲刷，沙砾就会彼此分开。

**不毛之地**
指贫瘠荒凉、不长庄稼的地方，废弃的土地。

**砾岩**
指由 30% 以上直径大于 2 毫米的沙砾碎屑组成的岩石。

我们再来了解一下金子这种物质的特性。在生活中，你听说过矿石里提炼出铁，矿石里分离出铜，但你听说过矿石里提炼出来金子吗？没有就对了！铜、铁这些金属元素常以化合物形式存在，而金这种物质，在自然界中都是以单质的形式存在的。有可能是聚集在一起的金疙瘩，也可以是粉碎的金沙。金子比沙子重，淘金的人用水冲洗含有金子的沙石，冲走比较轻的沙子，剩下的就是金子了。自然界中有些大河由于河水流速快，沙石会在某些地方集中沉淀下来，集中沉淀的地方就容易淘到更多金子。

由于金沙江一带容易淘到金子，这里的金价就比别的地方便宜，古时候许多商人为了牟取暴利，就来到金沙江一带买金子，久而久之附近就形成了集市。这片崇山峻岭、交通不便的地带，也因为商业的带动逐渐发展起来。

化合物
由多种化学元素的原子组成的，以化合的形式稳定存在的物质。

单质
由一种化学元素的原子组成的，以游离的形式稳定存在的物质。

# 泸定桥

泸定桥，又名大渡桥，桥的主干由铁索制成，横跨在四川省甘孜藏族自治州泸定县城的大渡河上。这座桥始建于1705年，建成于1706年。桥长103.67米，宽3米，一共有13根铁链，9根作底链，4根分两侧作扶手，共有12164个铁环相扣，整座桥重40多吨。

当年造桥时，如何将铁索运到对岸是个问题。对此，工人们进行了许多尝试，开始用羊皮筏子或船只运输铁索，但水流太大，运输铁索的船吃水严重，几乎要沉下去了，所以只得放弃，再想别的办法。这时有人提出可以在河两岸悬挂一条比较轻的绳索，绳索上穿着多个短竹筒，然后将铁索穿在绳索上，利用竹筒的浮力减轻铁索重力，再由河对岸的人拉动绳索，就可以将铁索运过去了。事实证明这个办法可行，于是这条铁索桥就这样修好了。

泸定桥是我国桥梁史上一颗璀璨的明珠，也是古代劳动人民血汗和智慧的结晶。

红军长征途中，曾在泸定桥上经历过惊心动魄的一战。1935年5月25日，中央红军长征先头部队红一军团第一师第一团一部在四川省安顺场强渡大渡河后，蒋介石急调川军2个旅增援泸定桥，妄图将红军消灭在此。中央革命军事委员会立即做出决定，让红一军团第一师及干部团继续渡河，沿大渡河

**羊皮筏子**
以羊皮为囊，充气、扎缚，以木架捆绑而成。这是黄河中上游古代先民借助河水之力，运输人员、物资而发明的水上交通工具。

**浮力**
浸在流体内的物体受到流体竖直向上托起的作用力叫作浮力。液体和气体统称为流体。

**重力**
指由于地球的吸引而使物体受到的力。重力的施力物体是地球。

左岸北上，主力沿大渡河右岸北上，两路夹河而进，火速夺占泸定桥。由于我军行军迅速，到达的时候，敌军还没来得及拆完泸定桥铁索上铺的木板。5月29日16时，红四团第二连连长廖大珠等22名勇士组成突击队，冒着对岸敌人的枪林弹雨，抓着泸定桥的铁索，匍匐射击前进，红四团战友紧跟其后，一边拿枪掩护突击队队员，一边在桥上铺门板供后面战士过桥。东岸敌人在桥头放了一把大火，企图阻挡我军前进，这时另一队红军也及时赶到东岸，扑灭了大火，两路红军密切配合，将敌人打得落荒而逃，在泸定桥胜利会师。

如今，每当人们走在泸定桥上，抚摸着铁索时，总会想起当年红军战士的神勇。一代人有一代人的长征路，长征精神永不熄灭。

小心！爬快点儿！

# 博物小练

刚才我们了解了乌蒙山、金沙江和泸定桥，现在我们来检验一下学习成果吧。

1. 乌蒙山山脉主体沿着什么方向延伸？（　　）

A. 东北—西南　　　　B. 西北—东南　　　　C. 西—东

2. 哪一种金属元素常以单质形式存在？（　　）

A. 金　　　B. 铜　　　C. 铁

3. 泸定桥一共有多少根铁链？（　　）

A.11 根　　　B.12 根　　　C.13 根

【答案】

　　　1.A；2.A；3.C

博物点读

（2021·开化县期末考）

材料一：

材料二：

5月29日20时55分，搭载天舟二号货运飞船的长征七号遥三运载火箭，准时点火发射。约604秒后，飞船与火箭成功分离，精确进入预定轨道。21时17分，太阳能帆板两翼顺利展开工作。发射取得圆满成功。本次任务是天舟货运飞船和长征七号运载火箭组成的空间站货物运输系统的第一次应用性飞行。

阅读材料，判断下列说法是否正确，用"正确""错误"表示。

①2021年5月29日，天舟二号货运飞船转运至海南文昌航天发射区。（　　）

②长征七号遥三运载火箭，在21时17分精确进入预定轨道。（　　）

【答案】

①错误；②错误

【解析】

本题考查对有效信息的筛选能力。①根据材料一，5月16日，天舟二号货运飞船转运至海南文昌航天发射场发射区。②长征七号遥三运载火箭，在5月29日20时55分准时点火发射，约604秒后精确进入预定轨道。故①②两项表述均错误。

## 红军长征路上吃过的食物

　　漫漫长征路，星火可燎原。红军战士走过二万五千里长征，跋山涉水，经常遇到粮食补给不足的情况。今天我们就来盘点一下，在人迹罕至的山区、雪山、草地、沼泽中，红军战士曾经吃过哪些食物。

　　这些食物包括青稞、野菜、野果等，甚至有草根、树皮、皮带等我们现在难以

想象的"食物"。

长征队伍刚进到青藏高原一带时，战士们主要吃的是酥油糌粑。当地只有青稞之类的粗粮，青稞不容易消化，队伍中的藏区战士就教其他战士做酥油糌粑。先把青稞麦炒熟，再磨成粉，拌一些酥油，就可以盛在木碗里用手抓着吃了。

过草地的时候，青稞也没了，大家只能吃野菜，但有的野菜有毒，不能吃，吃了可能有生命危险。为了尽可能保护战友的生命安全，共产党员们总是自告奋勇，"抢"着试吃，不愿意把中毒的机会"让"给别人。吃过之后，党员们根据身体的反应，做好有毒野菜和无毒野菜的标本，下发到各个部队，让战士们学会辨认。如果遇到当地有经验的老乡，那再好不过了，老乡们会耐心地传授辨认野菜的经验。红军战士一直坚持"冻死不拆屋，饿死不劫掠"的原则，每到一地就打土豪分田地，无论走到哪儿都受到乡亲们拥护，乡亲们也愿意帮助红军。

有些地方连野菜都没有，红军战士甚至吃过煮的草根、树皮、皮带等。

红军三军团一个连队有九个炊事员，到陕北时全部牺牲了，都是劳累成疾或过度饥饿导致的。而连队的其他战士除了战斗牺牲外，没有因为饥饿掉队、牺牲的。炊事员尽职尽责、舍己为人的精神值得尊敬，如果没有他们的付出，就没有革命的胜利。

漫漫长征路上，红军克服了饥饿等重重困难，是一支了不起的部队。

# 第三章

## 宇宙生命之谜

　　地球之外是否有生命存在，真是个令人好奇的问题。虽然人类目前没有找到另一颗存在生命的星球，但人们从未停止对外太空生命的寻找。

# 博物积累

# 火星

**行星**

通常指自身不发光，环绕着恒星的天体。"行星"这个名字来自它们的位置在天空中不固定，就好像在行走一般。

太阳系一共有八大**行星**，分别是水星、金星、地球、火星、木星、土星、天王星、海王星。它们都沿着椭圆形轨道绕太阳转动。

八大行星中，火星是离太阳第四近的行星。中国的古人看到它，觉得它闪着荧光的样子像火一样，位置和亮度又时常变

化，令人疑惑，所以给它起名"荧惑"。现在，人类了解了更多、更系统的天文学知识，火星的运动规律就不再那么让人疑惑了。

火星就像地球的孪生兄弟，它的直径大约是地球的一半，体积大约是地球的 0.15 倍，质量大约是地球的 0.11 倍。火星有两个天然卫星：火卫一和火卫二，形状不规则。火星也有北极和南极，北极和南极也有"冰"，不过主要成分是干冰，也就是固态的二氧化碳。

火星也有大气层，但大气层很薄，主要成分是二氧化碳。火星表面的环境基本类似沙漠，布满了小石子、沙土堆，风一吹，黄沙就漫天飞舞，用一种地球上的气象现象来形容的话，就是沙尘暴很多。

天文学上将地球与太阳的距离记为 1 AU，火星到太阳的距离是大约 1.52 AU，也就是地球与太阳距离的 1.52 倍。行星绕着太阳转动一圈的时间，叫公转周期，绕着自己的中轴线转一圈的时间，叫自转周期。火星的公转周期是 687 个地球日，也就是地球上 687 天的长度。火星自转一周平均花费 24 小时 39 分 35.244 秒，相当于 1.027491251 地球日。

火星表面寒冷而干燥，平均温度约 −55℃，水和二氧化碳在那里都容易冻结。火星上岩石的形成过程和地球相似，都是二氧化碳经过复杂的化学反应形成的。为什么火星表面那么冷呢？主要原因是它离太阳比较远，从太阳那边接收到的热量比较少，所以它表面的平均温度比地球低。

**火卫一**
一个形状不规则的小天体。火卫一是太阳系最暗的天体之一。它围绕火星运动，一日绕火星 3 圈，距火星平均距离约 9378 千米。

**火卫二**
火星最小的一颗卫星，平均半径为 6.2 千米，它是火星较小和较外侧的已知卫星。

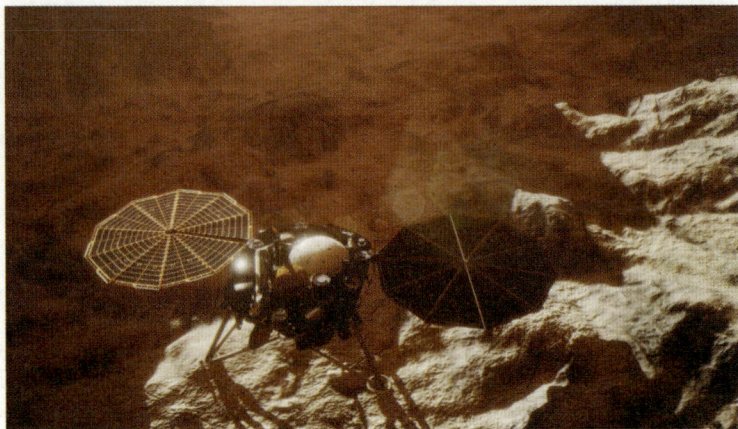

火星的两极永久地被固态二氧化碳（干冰）覆盖着。这个干冰组成的罩子是一层一层的。它是由水凝固形成的冰层与变化着的二氧化碳层轮流叠加而成。在火星北部的夏天，二氧化碳完全升华，就是从固态变为气态，留下剩余的冰水层。由于南部的二氧化碳从没有完全消失过，所以我们无法判断在南部的冰层下是否也存在着冰水层。至于到底有没有，等待着你去探索。

**升华**
指物质由固态直接变为气态的过程。

**冰水层**
指由固态水结成的冰层。

# 金星

八大行星中，金星是离太阳第二近的行星。从地球上看，金星是天空中第二亮的星，第一亮是月球。金星明亮的光芒引起了我国古人的注意，"启明"和"长庚"这两个名字说的都是它。它清晨出现在东方的天空，开启一天的光明，所以叫"启明"；傍晚出现在天空的西边，被称为"长庚"。

金星就像地球的孪生姐妹，半径 6051.8 千米左右，只比地球半径小 320 千米左右，体积是地球的 0.88 倍，质量为地球的 0.8 倍。金星没有天然的卫星。

金星表面的平均温度高达 464℃，是太阳系中最热的行

星。金星距离太阳 0.725AU，是地球到太阳距离的 0.725 倍，公转周期约为 224.7 地球日，自转周期约为 243 地球日。金星绕轴自转的方向与太阳系内大多数的行星是相反的。如果从太阳的北极上空俯视太阳系，你会发现，八大行星有七个都沿逆时针方向自转，只有金星沿顺时针方向自转。如何解释金星自转速度的缓慢和方向的反常，是科学界的一个难题。

金星表面被荒漠覆盖，地表布满岩石，岩石会随着金星表面的火山活动更新迭代。

从地球上观测，金星同月球一样，也是时而圆满，时而有缺。但是由于金星距离地球太远，肉眼是无法看出来的。金星的圆缺变化，曾经被伽利略当作证实日心说的有力证据。现在我们都知道，金星的圆缺变化是因为光沿直线传播。金星作为球体，绕着太阳转的时候，总有一面正对太阳，一面背对太阳。正对太阳的一面被太阳照亮，而背对太阳的一面就是暗的。所以，我们在地球上用望远镜看金星，正对太阳的一面面积大的时候，它就是比较圆满的，背对太阳的一面面积大的时候，它就是弯弯的样子。金星的圆缺变化，原理上和月亮的圆缺变化类似。

另外，根据探测器探测，金星岩浆里含有水。于是科学家们推测，金星可能与地球一样有过大量的水，但都被慢慢地蒸发掉了。所以说，地球的位置真是妙不可言。如果地球像金星一样离太阳那么近，估计地球表面的水也被蒸发得差不多了，那样就没法孕育生命了。

**伽利略**

意大利天文学家、物理学家和工程师，欧洲近代自然科学的创始人。伽利略被称为"观测天文学之父""现代物理学之父""科学方法之父""现代科学之父"。

**蒸发**

指水由液态变为气态的过程。

# 水星

八大行星中，水星是离太阳最近的一颗。从地球的北半球上看，水星只会在凌晨或黄昏出现，而不会在半夜出现，所以，我国古人给水星起了两个名字，凌晨出现时叫"辰星"，傍晚出现时叫"昏星"。

水星生得娇小，半径只有 2440 千米，约为地球半径的 0.4 倍。水星的体积约为地球的 0.056 倍，质量约为地球的 0.55 倍，它没有天然的卫星。水星绕太阳公转的周期为 87.9686 个地球日，自转的周期为 58.6462 个地球日。

水星表面类似月球，遍布着环形山、大平原、盆地和断崖。

水星表面比较热，平均温度约 179℃，比地球热，因为它离太阳更近；但是它没有金星热，原因在《金星》篇已经讲过，这里不再赘述。

水星上有极稀薄的大气，大气中含有氦（hài）、氢、氧、碳等元素。由于大气非常稀薄，水星的表面白天和夜晚的温度相差很大。地球的大气层就像一层被子，会挡住一部分太阳的热，存一部分热，剩下的热传到地球表面。等太阳走了，大气层可以阻挡一部分地表热量散失，使地球的白天不太热，晚上不太冷。而水星就没有这么幸运了，它的大气那么稀薄，跟没盖被子差不多，太阳来了就被暴晒，太阳走了就得受冻，所以它昼夜温差大。

**环形山**

通常指碗状凹坑结构的坑。月球表面布满大大小小圆形凹坑，称为"月坑"。环形山的中间有一个陷落的深坑，周围有高耸直立的岩石，环形山的高度一般在 7—8 千米之间。环形山大小不一，直径相差悬殊，小的环形山直径不足 10 千米，有的仅一个足球场大小；大的环形山直径超过 100 千米。最大的环形山是月球南极附近的贝利环形山，直径达 295 千米。

# 博物小练

刚才我们了解了火星、金星和水星，现在我们来做个小测验吧。

1. 哪个星球有天然卫星？（　　　）

A. 金星　　　　B. 火星　　　　C. 水星

2. 哪个星球表面平均温度最高？（　　　）

A. 火星　　　　B. 水星　　　　C. 金星

3. 哪个星球离太阳最远？（　　　）

A. 火星　　　　B. 地球　　　　C. 金星

【答案】

1.B；2.C；3.A

## 博物点读

# 到火星上去种草

到火星上去种草，这话激动人心，也令人生疑。美国宇航局于 2007 年发射过一个探测器直飞火星，其使命之一就是在那遥远、贫瘠（jí）的地方种植一种名为"拟南芥"的植物。

当然，在火星上种草，是由机器人代劳的。这个机器人将随同着陆器降落火星，对火星土壤状况进行数据采样，传给地面科学家分析，然后科学家们控制机器人通过施肥、浇水等方式对火星土壤进行改良，营造出拟南芥能

够生存的环境。拟南芥的种子并非直接播入火星土壤，而是首先在着陆器中的微型温室里萌芽，待其长成幼苗后再由机器人移植到火星的泥土中。

拟南芥之所以被选为挺进火星的先锋，是因为它有独特的优点。它不但个头矮，最高不过二十多厘米，而且生长周期短，一个月内即可发芽抽叶。更重要的是这种杂草状的十字花科植物的基因在所有植物基因组中率先被完全破译。

这种拟南芥非寻常种类，而是经过了转基因技术改造的。它被插入了一些所谓的"报告基因"，能够发出绿莹莹的光，报告自己在火星上是否生了病，是否遭遇高温、干旱等恶劣天气。科学家根据转基因拟南芥发回的种种报告，采取有效的护理措施，使它们在火星上更好地生长。

花这么大的气力到火星上去种草，主要是为了实践科学家们提出的"生态合成"理念。具体来说，是想验证能否通过植物来吸纳火星大气层中的二氧化碳，从而制造出生命演进所需要的氧气。

在那昼夜温差悬殊、湿度只有0.03%的火星上，草能种得活吗？科学家们十分乐观，信心十足地说："我们对此毫不怀疑，我们将证明，地球上进化出的生物，也有能力在那遥远的世界里生存。"一旦转基因拟南芥在火星上扎下根，寂寞宇宙中的这片草，无疑将成为吸引人类登临火星的一种无声的号召。

---

运用列数字的说明方法，具体准确地说明了"拟南芥"个头矮、生长周期短的特点，使文章更有说服力。

运用作比较的说明方法，将十字花科植物基因的破译时间与其他植物基因作比较，突出强调了"拟南芥"作为扎根火星植物的优势。

下列关于对到火星上去种草的目的，理解不正确的一项是（　　）。

A. 希望地球上的生物能够在火星上生存

B. 征服火星，改变火星的生态环境

C. 为人类开发火星做准备

D. 为人类探索新的资源做准备

【答案】

D

【解析】

本题考查对内容的理解。结合文中"花这么大的气力到火星上去种草，主要是为了实践科学家们提出的'生态合成'理念。具体来说，是想验证能否通过植物来吸纳火星大气层中的二氧化碳，从而制造出生命演进所需要的氧气。"可知，"为人类探索新的资源做准备"与到火星上去种草的目的不相干。

## 唤醒"祝融号"

祝融号火星车,是我国首次派往火星的使者。探索火星的车,用火神祝融的名字命名再合适不过了。

2022 年 5 月 18 日,祝融号开始了一次睡眠。因为它在火星上遇到了一次猛烈的沙尘暴,为了保护自己,它进入了休眠期。

按照计划,祝融号应该在 12 月份前后醒来,但是到现在还没有消息。这时候许多人就开始关心它的安危了。它是不是遇到什么困难了?

其实不必担心,条件合适的时候它就可以被唤醒了。

火星的冬天特别长,并且温度特别低。地球上的 5 月到 12 月就是火星的冬天。

祝融号所在的乌托邦平原,最低温度白天在 -17.2℃到 -107℃之间,晚上更是低至 -133℃。5 月 18 日正值火星的冬天,那里的日照很弱,太阳能电池板无法储存充足的电,祝融号不得不冬眠来保护自己。

祝融号的自主唤醒需要满足两个指标:一是发电功率必须达到 140 瓦以上,二是蓄电池温度必须达到 -15℃。

截至 2021 年 8 月 15 日,祝融号在火星已经运行了 90 个火星日,行走了 889 米,传回了 10GB 的原始数据,完成所有既定目标。所以,即使祝融号没有醒来,长眠于火星,它也很好地完成了使命。

# 第四章

# 盼

　　本文的"我"一收到雨衣就盼着下雨，傍晚下雨的时候盼着穿雨衣出去玩，晚上盼着雨停到明天再下，第二天如愿以偿地穿着雨衣去上学。全文紧扣"盼"字，体现了"我"童年时的天真可爱。

哇！好美！

# 博物积累

## 珍珠

珍珠是一种古老的宝石，形状各异，色彩斑斓，主要成分是碳酸钙。早在远古时期，人类在海边捕鱼时，就发现了闪着光的珍珠，觉得它很漂亮，就用它做装饰品。珍珠的美征服了一代又一代人，因此流传至今。

根据考古学家和地质学家的研究，在大约两亿年前地球上就有了珍珠。

珍珠的形状多种多样，有圆形、梨形、蛋形、泪滴形、纽扣形和不规则形，其中圆形的最珍贵。珍珠有白色系、红色系、黄色系、深色系和杂色系五种，多数不透明。其中白色系的珍珠最为常见。

珍珠有圆润的外表，在阳光下散发着柔光，有时能显现彩虹样的光晕。天然淡水珍珠的密度一般为 2.66—2.78g/cm³，随产地不同而略有差异。

珍珠全年间都能出产，六月出产尤多。潜入海底，从水草或石头上收集海蚌，从其中取出珍珠就可以了。我国的天然淡水珍珠主要产于海南诸岛。

**碳酸钙**
一种无机化合物，俗称石灰石、大理石等。基本上不溶于水。它是地球上的常见物质，存在于石灰岩、大理石等岩石内，也是动物骨骼或外壳的主要成分。

**密度**
密度等于物体的质量除以体积，表示某种物质的质量与体积的比值。密度是物质的特性之一，每种物质都有一定的密度，不同物质的密度一般是不同，因此可以用密度来鉴别物质。密度的常见单位有 g/cm³，kg/m³ 等。

珍珠分为天然珍珠、人造珍珠和人工仿制珍珠。

天然的贝类体内软体的部分发生病变，或无法将入侵的异物（如沙粒等）排出体外，由于自身的生理机能，会分泌出珍珠质，将病变部位或异物一层层包裹起来，经过一段时间后形成结晶，这种结晶就是天然珍珠。

养殖珍珠，是人们根据珍珠贝体内形成珍珠的原理，在珍珠贝的体内植入异物，经过一段时间的养殖，培育出珍珠。

人工仿制珍珠是用塑料、玻璃、贝壳等小球做核，外表镀上一层"珍珠精液"而制成的。

珍珠象征着健康、纯洁、富有和幸福，自古以来被人们所喜爱。

所谓"珠光宝气"，光泽是珍珠的灵魂。无光、少光的珍珠就缺少了灵气。将珍珠平放在洁白的软布上，能看到珍珠散发着的温润的光泽；而迎着阳光看，上品的珍珠可以射出七

**珍珠质**

产在珍珠贝类和珠母贝类软体动物体内，由于内分泌作用而生成的，含碳酸钙的物质。

彩的虹光，球面晶莹透亮，甚至可以映照出人的眼睛，真是妙不可言。

如何鉴别一颗珍珠的品质优劣呢？主要看珍珠的光泽和圆度。珍珠的光泽强度分为ABCD四个等级。A级反射光特别明亮，尖锐而均匀，表面像镜子一样，映像很清晰。B级反射光明亮、锐利、均匀，映像很清晰。C级反射光明亮，表面能看见物体影像。D级反射光较弱，表面能照见物体，但影像较模糊。

珠圆玉润
像珠子那样圆，像玉石那样温润，比喻歌声婉转优美，也指诗文流畅明快。

有一个成语叫"珠圆玉润"，也就是说珍珠越圆越美。个头大、圆润的珍珠，像十五的月亮一样饱满，白天射出七彩的光带，晚上也闪着光，营造出朦胧的意境美。

# 玛瑙

玛瑙是玉石类矿物的一种，成分和玉的主要成分类似，都是硅酸盐。很久很久以前，蒙古人看到玛瑙的颜色和花纹很像马的脑子，就认为它是由马脑变成的石头，所以称它为"马脑"。玛瑙常用作观赏物或装饰物，成串的玛瑙球常常出现在古代墓葬中。

玛瑙分为半透明和不透明的，通常带有纹带，色彩层次分明，呈现致密的块状，形成各种精妙的构造，如葡萄状、结核状等。玛瑙具有不同颜色构成的玉髓，玉髓有绿、红、黄、褐、白等多种颜色。

玛瑙在地球上存在的历史很悠久。在大约一亿年以前，地壳的运动使地下的岩浆喷涌而出，熔岩冷却时，水蒸气和其他气体形成气泡。气泡在岩石冻结时，被封起来，形成许多洞孔。后来，含有二氧化硅（guī）的溶液滴入孔洞，凝结成硅胶，最后形成玛瑙。

玛瑙有各种品级，水胆玛瑙是玛瑙中最为珍贵的品种，它的特征是玛瑙中有封闭的空洞，空洞中含有水。无论什么种类的玛瑙，都以红、蓝、紫、粉红为最好。象形图纹玛瑙因为质地优、色泽美，可以形成象形图纹（像人物、山水、花、鸟、鱼、虫、风景、水草等），极具收藏性。

玛瑙的真假，可以通过花纹颜色、质地和透明度来

**硅酸盐**

指硅、氧与其他化学元素（主要是铝、铁、钙、镁、钾、钠等）结合而成的化合物的总称。它在地壳中分布极广，是构成多数岩石（如花岗岩）和土壤的主要成分。

**二氧化硅**

二氧化硅常温下为固体，主要用于制玻璃、水玻璃、陶器、搪瓷等。

**硅胶**

又名硅酸凝胶，是一种粒状多孔的二氧化硅水合物，外表呈透明或乳白色，不溶于水和任何溶剂，无毒无味，化学性质稳定，不可燃烧。硅胶是一种高活性吸附材料，主要用作干燥剂、抗凝结剂、吸附剂等。

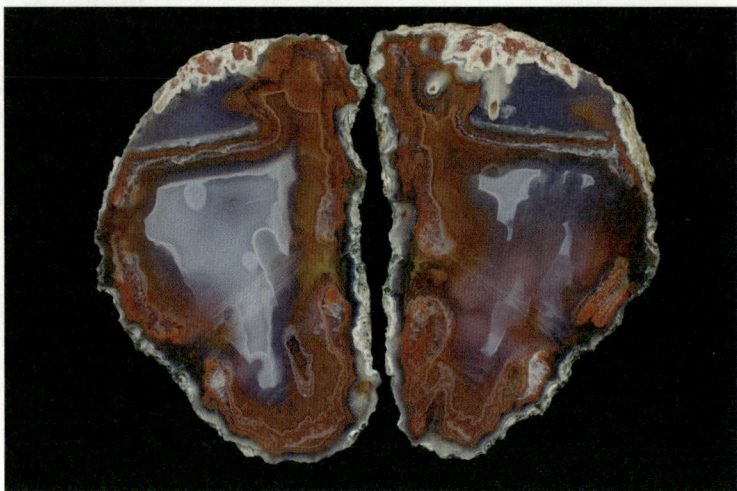

鉴别。

花纹颜色：真玛瑙色泽鲜明光亮，假玛瑙的色和光均差一些，二者对比较为明显。天然玛瑙颜色分明，条带花纹十分明显，而仿制的假玛瑙多数颜色艳丽、均一。

质地：假玛瑙大多由石料仿制，比真玛瑙质地软，用玉在假玛瑙上可以划出痕迹，在真品上则划不出。

透明度：真玛瑙透明度不如合成的透明度高，稍有混沌，有的可看见自然水线或"云彩"，而合成的玛瑙透明度好，像玻璃球一样透明。

如果你拥有了珍贵的玛瑙，如何保护好它呢？

首先，要避免它掉在地上，应将其置于质地柔软的饰品盒内。要尽量避免与香水、化学液剂、肥皂或是人体汗水接触，以防受到侵蚀，影响玛瑙的鲜艳度。其次，要注意避开热源，如阳光、炉灶等，因为玛瑙遇热会膨胀，分子间隙增大，会影响玉质，如果持续接触高温，还会导致玛瑙发生爆裂。最后，要偶尔用纯净水泡一泡，这样可以补充水分，保持湿度的玛瑙会更漂亮。小件饰品不佩戴时，最好放在阴暗潮湿处，接近玛瑙原生态的储存环境最好，尤其是水胆玛瑙，在形成时期里面就存有天然水，如果存放环境过于干燥，就会引起里面天然水分的蒸发，从而失去收藏价值。

里面是果子吗？你要给你妈妈送大樱桃？

其实是红玛瑙项链。

# 博物小练

刚才我们了解了珍珠和玛瑙，现在我们来检验一下学习成果吧。

1. 珍珠的主要成分是？（　　）

A. 硅酸盐　　　B. 碳酸钙　　　C. 二氧化硅

2. 玛瑙的主要成分是？（　　）

A. 硅酸盐　　　B. 碳酸钙　　　C. 二氧化硅

3. 玛瑙应该储存在怎样的环境中？（　　）

A. 阴暗干燥处　　　B. 温暖潮湿处　　　C. 阴暗干燥处

【答案】

1.B；2.A；3.C

## 博物点读

（2022·中山市期末考）

# 中华儿女的情意结——中国结

①中国结作为我国特有的手工编织工艺品，渊源久远，始于上古，兴于唐宋，盛于明清。最初，古人的铜镜背后一般都有绳纽，可以系上绳饰，方便手持。后来，窗帘、帐钩、笛箫、香袋等下方常系有美观的装饰结。几千年来，这些美丽的绳结代代流传，它们从旧石器时代的缝衣打结推演至汉朝的仪礼记事，再演变成为今天精致的艺术品。因其外观对称精致，符合我国传统装饰的习俗和审美观念，故命名为中国结。从《红楼梦》第三十五回《白玉钏亲尝莲叶羹，黄金莺巧结梅花络》中的描写来看，中国结在清代是一种非常流行的装饰品，而且已经不局限在女性服饰之中。只不过那时不叫中国结，而叫络子。

②中国结包含着多变且丰富的结绳工艺，有同心结、团锦结、双钱结、十字结、吉祥结等，其工艺之精妙令人啧啧称奇。中国结以其独特的东方神韵和丰富多样的变

**旧石器时代**

以使用打制石器为标志的人类物质文明发展阶段。从距今约 300 万年前开始，延续到距今 1 万年左右止。

简单追溯了中国结的历史，为我们展示了中国结的发展脉络。

化，充分体现了我国人民的智慧和深厚的文化底蕴。在北京申办奥运会的过程中，中国结作为我国传统文化的象征，深受各国朋友的喜爱。

③中国结的编制可归纳为基本技法与组合技法。基本技法是以单线条、双线条或多线条来编结，运用线头并行或线头分离的变化，做出多彩多姿的结或结组。而组合技法是利用线头延展、耳翼延展及耳翼勾连的方法，灵活地将各种结组合起来，完成一组组变化万千的结饰。

④一件结饰讲究整体美，不仅要用线恰当、线纹平整、结形匀称，结与饰物还要搭配协调。选线时要注意色彩，若为古玉一类的古雅物件配编中国结，应选择含蓄色调，诸如咖啡色或墨绿色；若为一些色彩单调、深沉的物件编中国结，夹配少许金、银或亮红等色调醒目的细线，会使整个结饰有典雅高贵之感。

⑤中国结丰富多样的图案样式常常包含着美好的寓意，如最常见的同心结寓意白头偕老、永结同心，团锦结寓意花团锦簇、前程似锦，如意结寓意万事称心、吉祥如意，桂花结寓意高贵清雅、富贵无疆，双喜结寓意双喜临门，双钱结寓意财源广进。那车前窗上挂着的红红的平安结寄托着家人温馨的祈愿，吉字结、馨结、鱼结合成吉庆有余的意思。一根长长的丝线，曲曲折折中表达着人们的美好愿望，一串中国结就是一串代代相传的祝愿。

⑥中国结所展现的情致与智慧正是中华古老文明的审

美内涵。对中华儿女而言更有着独特的寓意。绳线曲折回环、紧密相连，正如中华儿女紧密团结、心连一处。如今，中国结随着华人的脚步走向了世界的每一个角落，每逢我国传统佳节，都能看到红红火火的中国结。无论是海外游子，还是驻守乡土的亲人，对所有中华儿女来说，挂起中国结的地方就是家。

作者在内容部分虚实结合，先实写了关于中国结的编织工艺，又讲述了小小的中国结所承载的文化内涵。

第①自然段中的加点词语"一般"，能否去掉？为什么？

【答案】

不能去掉。第①段中加点的词语"一般"表示绳纽出现的频率，如果去掉，说法过于绝对；该词体现了说明文语言的准确性。

【解析】

"最初，古人的铜镜背后一般都有绳纽，可以系上绳饰，方便手持。"这句话意思是古人的铜镜大多数都有绳纽，但是也有没有的。这句中"一般"不能去掉，这体现了说明文语言的准确性。

## 珠宝的分类和鉴别

珠宝可以分为几类呢？

珠宝大致可以分为五类，分别是天然宝石、天然玉石、天然彩石、天然有机宝石和人工宝石。天然宝石包括金刚石、萤石、红宝石、蓝宝石、水晶、黄宝石、绿宝石、祖母绿等17种。天然玉石包括玛瑙、碧玉、和田玉、翡翠、蓝田玉等19种。天然彩石包括鸡血石、雨花石、滑石、花岗石、大理石等25种。天然有机宝石包括琥珀、珍珠、珊瑚3种。人工宝石则种类繁多。

珠宝怎么鉴定真假呢？

珠宝鉴定真假的方法主要有四种：

1.看色泽。珠宝的价值体现在色泽上，真假珠宝的色泽差别是很大的，天然珠宝的色泽自然。

2.看净度。净度就是指宝石的透明度和洁净度。用高倍数的放大镜观察珠宝有无裂痕、瑕疵等。一般合成珠宝中的缺陷较少，内净。

3.测重法。测重法，是对体积相同的珠宝，通过测试它的重量辨别真假的方法。不同材质的珠宝密度不同，也就是说，它们体积相同时，重量是不同的。

古希腊有位科学家叫阿基米德，有一天，国王定制了一顶纯金皇冠，怀疑里面掺了银子，却想不出办法检验，这时大臣们都说阿基米德很聪明，可以找他帮忙。

阿基米德一看，展示自己聪明才智的机会来了，忙不迭地答应下来，却一时半会想不出办法。有一天，他洗澡的时候在拿香皂搓身体，一个不小心，香皂掉进了浴缸，水溢出去了。阿基米德灵机一动，眼睛看不出王冠有没有银子，可以找水帮忙嘛！

同样体积的金子和银子相比，金子更重，那么，比较同等质量的金子和银子，金子的体积就比银子小。王冠的质量已知，那么，可以先拿来和王冠一样重的纯黄金，如果王冠是纯金的，那么王冠的体积和这一堆黄金的体积一样大；如果王冠里面掺了银子，那么王冠的体积比这一堆黄金的体积大。阿基米德将王冠和这一堆黄金分别放进装满水的容器中，测量水溢出来的体积，发现王冠排出的水体积被黄金排出的大，所以王冠体积更大，据此推测出王冠里掺了银子。

4.硬度识别法。硬度是指珠宝质地的坚硬程度。国际上将珠宝玉石的硬度分为10个等级，其中硬度最低的为滑石，它的摩氏硬度为1度，硬度最高的为金刚石（钻石），它的摩氏硬度为10度（摩氏硬度，是一种表示矿物硬度的标准）。

比较硬度的常用方法是划痕法。比如，我们要比较 A 物质和 B 物质的硬度，就用 A 物质的样品在 B 物质的样品上划一下，如果划出了痕迹，那么 A 物质比 B 物质硬，如果没有划出痕迹，那么 A 物质比 B 物质软。

# 第五章

# 青山不老

十五年来，老人不畏艰辛，不懈努力，将狂风肆虐的山沟改造成一片绿洲。青山不老，老人的精神也不会老。

# 博物积累

## 晋西北

　　"晋"是山西省的简称，"晋西北"指的是山西省的西北地区。晋西北地区和内蒙古、陕西北部的风沙区相邻，生态环境脆弱，自然条件恶劣，容易受到沙尘暴侵袭。

　　附近的沙漠不断侵袭着晋西北，山西一带是沙漠化扩展的前沿，人们都说，这里一年刮两次风，每次刮六个月。没有风的时候土厚三尺，有风的时候土满天飞。由于气候恶劣，植被稀少，西伯利亚强劲的风席卷而来，会把当地粒碎质轻的土卷向高空。

晋西北自然条件恶劣，人类活动也对当地环境造成了破坏。长期以来乱砍滥挖、过度垦荒、过度放牧现象普遍，使晋西北土地沙化、荒漠化现象十分严重，成了北方著名的风沙源头。

近年来，国家在晋西北地区营造万亩以上连片树林120多处，林木成活率都在90%以上，有效遏制了地表起沙现象，减轻了沙尘的危害，该地区的自然环境得到了改善；加上自然资源丰富，大量的煤炭、铝土矿等资源得到开采，这里的经济也逐渐发展起来。

**亩**
中国土地面积单位，一亩大约等于666.67平方米。

**煤炭**
一种可燃的黑色或棕黑色燃料，煤主要由碳、氢、氧、氮、硫和磷等元素组成，是非常重要的能源，主要通过燃烧产生电力或热能。

**铝土矿**
含铝元素的矿石，是用来生产金属铝的重要原料。

# 西伯利亚

西伯利亚是乌拉尔山脉以东广大地区的总称，地处亚洲北部，大致可以分为三部分：西西伯利亚平原、中西伯利亚高原和东西伯利亚山地。乌拉尔山脉是西西伯利亚平原西边的边界，再往西就是欧洲东部；叶尼塞河是西西伯利亚平原和中西伯利亚高原的分界；勒拿河是中西伯利亚高原和东西伯利亚山地的分界。

西伯利亚绝大部分地区属于亚寒带针叶林气候，局部地区为寒带气候，气候寒冷异常，有时候气温能达到 -40℃ 至 -50℃。西伯利亚面积约 1322 万平方千米，是一座天然的资源宝库。西伯利亚森林密布，木材蓄积量占俄罗斯总储量的 48.8% 以上；星罗棋布的湖泊，数以千计的大小河流，都是可

**亚寒带针叶林气候**

分布在北纬 50°—65° 的地区，从北美洲的阿拉斯加到纽芬兰到俄罗斯北部，都属于此类气候。冬季漫长而严寒，夏季短促，全年温差可达 40℃ 以上，一年中月平均气温在 0℃ 以下的月份长达 6—7 个月，月平均气温 10℃ 以上的月份只有 1—3 个月。下雨集中于暖季，冬季降雪量虽然不大，但因气温低，积雪融化慢，积雪厚度可达 600—700 毫米。

**寒带气候**

指北极圈、南极圈以内的气候，终年严寒，降水极少。

利用的水力资源。世界上蓄水量最大的淡水湖——贝加尔湖淡水储备量达到了 2.36 万立方千米，约占全世界淡水储量的 20%。西伯利亚淡水鱼产量惊人，贝加尔湖一带、叶尼塞河流域、勒拿河流域都是重要的淡水鱼产区。石油、天然气、煤炭等能源含量也非常丰富。苏联的石油潜在资源中，约有一半集中在西伯利亚，苏联的天然气储量为 910 万亿立方英尺，居世界首位，仅秋明一个州的油气资源就已超过美国的全部储量。煤炭是俄罗斯主要燃料动力之一。

西伯利亚人口约 3789 万，其中俄罗斯人占 80% 以上，乌克兰人和白俄罗斯人约占 5%，还有科米人、雅库特人、图瓦人等。人口主要分布在铁路线附近。

地广人稀，寒冷干燥的地理环境，孕育了西伯利亚地区独特的风土人情。对于当地北方的土著居民来讲，鹿是人们的好朋友。鹿可以拉雪橇，鹿的皮毛可以用来缝制衣服和鞋，鹿肉几百年来一直是土著居民的重要食物。

**英尺**
英美制长度单位，1 英尺约等于 0.3048 米。

# 霜冻

霜冻，指的是天气突然变冷，地面温度迅速下降到0℃以下，导致农作物受伤害甚至死亡的一种自然灾害。发生霜冻时，因温度骤降，植物细胞的生命活动无法正常进行，植物就会生病乃至死亡。

霜冻跟霜可不一样。霜，是空气中水蒸气含量比较高，地面附近温度又低于0℃时，空气中的部分水蒸气凝华成白色冰晶，附着在物体上的自然现象。下霜的时候不一定发生霜冻，大多数时候下霜不会危害农作物；发生霜冻的时候也不一定下霜，如果空气中水蒸气含量少，发生霜冻时农作物上面没有附着冰碴子，这种霜冻就叫"黑霜"，如果农作物上面附着了大量的冰碴子，这种霜冻就叫"白霜"。

**凝华**
物质由气态不经过液态而直接变为固态的物态现象。比如水蒸气直接变成冰的过程，就是凝华。

霜冻通常出现在秋天、冬天和春天。春霜冻也叫晚霜冻，指的是农作物在春天的幼苗期、花期遇到的霜冻。秋霜冻也叫早霜冻，指的是农作物即将成熟时遭遇的霜冻。

每当秋天到来，冷空气一股一股袭来，气温会逐渐下降。有时候气温猛地下降好多，农作物也随之下降到0℃以下。植物是由许许多多的细胞构成的，水分在细胞中必不可少，细胞和细胞之间也充满了水分。温度骤降到0℃以下，细胞与细胞之间的冰粒子越结越大，就把细胞挤扁了，细胞里面的液体会渗出去。细胞失去了太多的水分，植物的生命活动就难以正常进行，植物就会走向死亡。

霜冻的危害可真不小，如何把霜冻带来的危害降到最小呢？在发现气温骤降，觉得霜冻可能会到来时，可以提前给植物搭建大棚，大棚可以起到保暖的作用，让植物不被冻伤。霜冻过后，可以给植物喷一些水或特定的溶液，补充植物细胞中失去的水分。

**溶液**
由至少两种物质组成的均一、稳定的混合物，被分散的物质（溶质）以分子或更小的质点分散于另一物质（溶剂）中形成。

你能背一首关于霜的古诗吗？

蒹葭苍苍，白露为霜。

## 博物小练

刚才我们了解了晋西北、西伯利亚和霜冻，现在我们来检验一下学习成果吧。

1. "晋"是哪个省的简称？（　　）

A. 陕西　　　　B. 山西　　　　C. 河北

2. 西西伯利亚平原和中西伯利亚高原的分界是？（　　）

A. 叶尼塞河　　　　B. 鄂毕河　　　　C. 勒拿河

3. 下面哪一项不是霜冻形成的条件？（　　）

A. 气温骤降　　　　B. 农作物温度骤降　　　　C. 空气中水蒸气含量高

【答案】

1.B；2.A；3.C

# 博物点读

当你望着那无边无际、郁郁葱葱的森林，心中的热爱之情就会油然而生。为什么人们都喜爱森林呢？因为森林就是人类的保健卫士。

森林对人类的贡献是很大的。当你走进森林，就会感到这里空气清新，它使你忘记忧愁，精神振奋。为什么在森林里会有这种感觉呢？原来它是一座氧气制造工厂，也是二氧化碳的巨大消耗者。人们需要吸收氧气，呼出二氧化碳，来到这座工厂你就会感到舒心、惬意。据测算，二百人呼出的二氧化碳只要一公顷的森林就用掉了，而一公顷的森林一天可造六七百千克的氧气，足够七八百人一天吸用。随着工业发展，城市人口猛增，人们感到城市里的噪声大，森林却具有吸收噪声、消除污染的作用，所以它又是净化城市的功臣。还有组成森林大家庭的兄弟姐妹们，也都有一技之长，它们都能放出植物杀菌素，杀死有害细菌和害虫。有人测验，一公顷柏树林一昼夜内可放出五十千克的植物杀菌素，所以森林内的细菌就很少，一立

第一段总领全文，引出本文的说明对象——森林，总写森林是人类的保健卫士。

运用列数字的说明方法，具体准确地说明了森林吸收二氧化碳、制造氧气的能力强。

运用列数字、作比较的说明方法，将森林空气中细菌的数量和空旷地方细菌的数量加以比较，具体准确地说明了森林的杀菌能力强，突出强调了森林对于杀死有害细菌的重要作用。

方米空气的细菌含量多则三四百个，少则五六十个，而空旷地方每立方米空气就有细菌三四万个。可见，森林卫士的本领还真大呢。

森林有这么多妙用，难怪城市里的人们都要邀请森林这个家族的成员到街道旁、公园里、花圃中安家落户，美化我们的环境，陶冶我们的情操。让我们都来植树造林，迎接这人类的保健卫士到我们身边来安家落户吧！

**本文哪三方面写出了森林对人类的贡献？**

【答案】

吸收二氧化碳，释放氧气；吸收噪声、消除污染；放出植物杀菌素，杀死有害细菌和害虫。

【解析】

短文主要从森林吸收二氧化碳、释放氧气，吸收噪声、消除污染，释放杀菌素，杀死细菌和害虫三个方面写了森林在净化空气、消除噪声、杀死细菌方面的作用。结合重点句子进行分析概括，可以进行准确作答。

## 三北防护林

我国的"三北防护林"驰名于世。"三北防护林"工程范围东起黑龙江，西至新疆，北抵国界线，南沿天津、汾河、渭河、喀喇昆仑山一带，"三北防护林"东西长 4480 千米，南北宽 560 至 1460 千米。工程建设总面积 406.9 万平方千米，占全国陆地总面积的 42.4%。

2003年底，世界吉尼斯纪录总部认定"三北防护林"体系建设工程是世界上"最大的植树造林工程"。这一宏伟的工程计划从1978年开始，预计要到2050年才会结束，共需历时73年。

项目实施30年来，在防风固沙、保持水土、涵养水源、改善环境、促进农林牧副业全面发展方面起到了一定作用。人工造林之后，风沙席卷而来时，树木可以固定土壤，阻挡沙尘暴侵袭其他地区；树木根系发达，能有效阻止水土流失；人工种植的乔木和灌木改善了这一代的生态环境，促进了该地区农业、林业、牧业的全面发展。

# 第六章

# 三黑和土地

作为一位勤劳朴实的农民，三黑在旧社会饱受地主的剥削，土地改革后终于翻了身，他热情地赞美土地，歌颂来之不易的新生活。

# 荞麦

荞麦起源于中国，属于一年生草本植物，主要有四个品种，分别是甜荞、苦荞、翅荞和米荞。其中，甜荞和苦荞是主要的栽培品种。

**草本植物**
指茎内的木质部不发达，含木质化细胞少，支持力弱的植物。草本植物体形一般都很矮小，寿命较短，茎干软弱。

**直根系**
植物主根发达、明显，极易与侧根相区别，由这种主根及其各级侧根组成的根系，称为直根系。

**主根**
植物最初生出来的根，又称为初生根。通常主根垂直地向下生长，同时尖端深入土壤下层，所以又称为直根。

荞麦的茎笔直而挺立，基本不长太粗的绒毛；叶子类似三角形，顶部尖尖的；根属于直根系，主根粗大，竖直向下生长；主根旁边密布着毛一样的细根，根的入土深度约为30—50厘米。

荞麦是很娇贵的，气温太高的地方它是过不惯的，风太大，下雨太少，容易发生霜冻的地方也不行。它喜欢把家安在湿润而凉爽的地方，日照充足，降水充沛，这个地方才是它理想的家。

荞麦在我国栽培历史悠久，在我国古代，它不仅是重要的粮食作物，还是重要的救灾作物之一。目前已知最早的荞麦实物出土在陕西咸阳杨家湾四号汉墓中，距今已有 2000 多年。

我国荞麦栽培历史悠久，种植经验丰富，但是荞麦在农作物中的地位长期不受重视，比起麦子、稻子、小米等农作物，荞麦的身影只是偶尔出现在古诗词中。"独出前门望野田，月明荞麦花如雪"，大诗人白居易写荞麦花，是为了表达自己惊喜的心情，但他描述农民伯伯的辛苦时，提到的农作物是麦子。

20 世纪 80 年代以前，我国荞麦科研尚属空白。我国在这方面的研究虽起步晚，但是发展较快，尤其在栽培技术的研究方面，已经建立了比较完善的技术体系。

概括而言，要实现荞麦高产，应做到如下几方面：一是精耕细作，二是合理密植，三是科学施肥，四是改良品种。

**合理密植**
在田野里栽种农作物时，不能栽得太稀疏，否则土地得不到充分利用；也不能栽得太密集，否则植物挨得太紧，难以存活。所以农作物要合理密植。

# 毛驴

毛驴长得像马，体型比马和斑马都小，大多数是灰褐色的，性情温驯，主要产于中国陕西、甘肃、河南、山西等地。

毛驴的形象跟威武雄壮不沾边，看起来憨憨的，脑袋大，耳朵长，胸部窄，四肢瘦，躯干短，体高和身长差不多，从侧面看呈正方形。它脖子皮薄，蹄小而结实，体质健壮，好养活，不容易生病，而且性情温驯，吃苦耐劳，听从人的使唤。

驴可以用来耕地，赶路的时候可以当坐骑，还可以运送东西。毛驴是上好的牲畜，每天可以劳作6—7小时，耕地2.5—3亩；一头成年毛驴能驮三百斤左右，一头小毛驴能驮二十斤左右。

我国疆域辽阔，养驴历史悠久。驴可分大、中、小三种，大型驴有关中驴、泌阳驴，这两种驴体高130厘米以上；中型驴有辽宁驴，这种驴体高在110—130厘米之间；小型的俗称毛驴，以华北、甘肃、新疆等地区居多，这些地区的驴体高在85—110厘米之间。

# 耕作

土壤耕作的项目很多，水田和旱田不同，不同地区也有区别。然而，其基本的流程是类似的，都包含犁耕、耙地、中耕和镇压等。耕作方法往往要依据土壤类型、作物种类、环境条件作调整。

下面分别介绍犁耕、耙地、中耕、镇压四个步骤。

犁耕是大多数地区耕作流程的第一步，是用犁具将土壤翻转，疏松土壤。犁耕使土壤变松，有利于肥料腐烂分解，便于植物的根系在土壤中吸收更多营养。

第二步是耙地。犁耕后的土壤往往会出现土块，地面不平，土壤中的水分容易散失，所以接下来要耙地。耙地，指的

**犁具**
犁地用的工具，通常由犁头、犁架、手把组成。

**耙子**

指归拢或散开谷物、柴草或平整土地用的一种农具，柄长，装有木、竹或铁制的齿。猪八戒的兵器就是一种耙子。

是用耙子弄碎地表土块的操作。耙地可以破除土壤板结，疏松表土，减少水分蒸发，混匀土壤和肥料。

第三步是中耕。中耕是在农作物生长期间进行的，操作是疏松表土，作用是破除土壤板结，清除杂草，减少水分蒸发。

第四步是镇压。镇压可压碎压实表层土壤，压紧表土，压平地面，减少大孔隙。种植种子较大而出苗较易的作物时，实行播后镇压，可以促使种子和土壤紧密接触，有利于种子吸水发芽。

# 博物小练

刚才我们了解了荞麦、毛驴和耕作，现在我们来检验一下学习成果吧。

1. 下面哪一项不是荞麦的主要栽培品种？（　　）

A. 苦荞　　　B. 甜荞　　　C. 米荞

2. 下面哪一项是中型驴？（　　）

A. 辽宁驴　　　B. 泌阳驴　　　C. 关中驴

3. 大多数耕作流程的第一步是？（　　）

A. 犁耕　　　B. 耙地　　　C. 中耕

【答案】

1.C；2.A；3.A

博物点读

（2022·兴化市期中考）

阅读下面有关"兴化"的材料，完成练习。

材料一：

兴化古称昭阳，又名楚水。该地区历史文化底蕴丰厚，源远流长，据考证，境内人类生存史可追溯到距今约6000年前。兴化诞生了中国四大名著之一《水浒传》的作者施耐庵、扬州八怪之首的郑板桥等知名文豪和书画家。

材料二：

兴化自然条件优越，水上资源丰富，是国家级生态示范区。兴化市水城面积近120万亩，水质达到国家地面水Ⅲ类标准。土地面积359万亩，有机含量高，土质肥沃。风景名胜李中镇水上森林形成"林中有水、水中有鱼、林中有鸟、河流回环、水杉林立"的生态湿地景观。

材料三：

兴化美食有名，有青虾、中庄醉蟹等。青虾个头大，品质好，身为青蓝。中庄醉蟹色清如玉，口味鲜美诱人。垛田出产的"兴化龙香芋"经《舌尖上的中国》传播。

**旁注：**

运用举例子的说明方法，举出施耐庵、郑板桥的例子，具体准确地说明了兴化文化底蕴深厚。

运用列数字的说明方法，具体准确地说明了兴化土地资源丰富，自然条件优越。

材料四：

一位外地游客到兴化旅游行程安排：

第一天：兴化千垛景区——郑板桥故居——兴化博物
馆——金东门大街。

第二天：兴化早茶——李中水上森林公园——返程。

想了解兴化的美食，我们可以阅读［材料_____］；想了解_____，我们可以阅读［材料二］。

**【答案】**

三；兴化的自然资源

**【解析】**

本题考查的内容是概括。仔细阅读材料二，主要介绍了兴化的自然资源；材料三主要介绍了兴化的美食。所以，想了解兴化的美食，我们可以阅读［材料三］；想了解兴化的自然资源，我们可以阅读［材料二］。

## "五谷"的区分

　　五谷指的是哪五谷？五谷怎么区分？读完这篇文章，你就算"四体不勤"，也不会"五谷不分"了。

　　五谷有两种说法。第一种指麻、黍、稷（jì）、麦、菽（shū）；第二种指稻、黍、稷、麦、菽。第一种说法有麻无稻，第二种说法有稻无麻。为什么呢？这和我国古

代的经济重心南移有关。东汉之前，南方地广人稀，比较荒凉，我国的经济重心一直在北方的黄河流域，北方的气候不适合种水稻，经过魏晋南北朝、隋唐、两宋，越来越多的汉人南迁，不断开发南方的土地，农耕社会以农为本，经济重心就移向了南方。水稻在南方是重要的粮食作物，所以"五谷"就有了第二种说法。

五谷怎么区分呢？

稷指粟，就是小米，耐旱，品种繁多，有白、红、黄、黑、橙、紫各种颜色，所谓"粟有五彩"。中国最早的酒是用小米酿造的。粟适合在干旱而缺乏灌溉的地区生长。小米的穗是棒状的，远远望去，棒上有一个一个的小球，走近了看，每一个小球又是由一个个圆圆的颗粒堆叠而成的。

麦就是麦子，是世界上最早栽培的农作物之一，也是目前世界上分布最广、面积最大、总产量最高、营养价值最高的粮食作物之一。麦子的穗是长条形，远远看

去上面长了很多细细的刺。麦粒的两头是尖的，不像小米粒那样圆圆的。

黍就是黄米，比小米稍大，煮熟后有黏性，经常用来做年糕，黍的穗长得跟粟差不多。

菽是各种豆类的总称，各种豆子都生活在豆荚中，很好识别。

稻就是水稻结的种子，俗称大米，是人类重要的粮食作物之一。远远望去，水稻的穗是一条一条的，上面结着一粒一粒椭圆形的种子。

# 第七章

# 少年闰土

　　本文通过"我"的回忆，塑造了一个健康活泼、见识丰富、机灵能干的少年闰土形象，表达了"我"对童年无忧无虑的时光、真挚纯粹的友情的怀念。

# 猪獾

猪獾（huān）是一种哺乳动物，寿命大约是 10 年，因为鼻子部位长得像猪嘴，所以得名猪獾。它现在是濒危物种，我们可千万不能吃它哦。

猪獾身形粗犷壮实，四肢又粗又短，脑袋大，脖子粗，耳朵小，眼睛也小，尾巴短。猪獾很懂得色彩搭配，它的绒毛是黑白相间的：背上披着黑褐色的毛；胸口、腹部两侧和背上颜色一样，中间是黑褐色；四肢的颜色和肚子颜色一样；尾巴是白色的。

猪獾既吃肉又吃素，是杂食性动物，主要吃蚯蚓、青蛙、泥鳅、昆虫等动物，也吃玉米、小麦、土豆、花生等农作物，怪不得闰土要把"入侵"田野的猪獾赶走呢。

猪獾喜欢住在洞穴里。它栖息于树林、灌木丛、草丛等环境中，一般会随遇而安，把家安在天然的岩石裂缝或树洞中。

猪獾每胎生 2—4 个宝宝。刚出生的獾宝宝身长 10 多厘米，需要吃大约 3 个月的奶。

别看猪獾长得憨，它超凶的。遇到天敌时，它会将前脚低俯，发出凶残的吼声，吼声像猪叫声。同时它能挺立前半身，用牙和爪子作猛烈的回击。它还有特长，能在水里游泳。它虽然视力欠佳，但鼻子很灵，寻找食物时，它会抬头用鼻子闻来闻去，或者用鼻翻泥土。

猪獾会冬眠。它通常在 10 月下旬开始冬眠，冬眠之前不停地吃，让身体里堆积很多脂肪，变得胖胖的。等到来年惊蛰时，它偶尔会在温暖的中午走出洞，在洞口晒晒太阳，散散步。待来年春暖花开时，它才会正式出洞，恢复正常生活。

# 刺猬

刺猬是一种体长不超过 25 厘米的小型哺乳动物，成年体重可达 2.5 千克。它身体肥胖而矮，眼睛小，嘴尖而长，尾巴短小；绒毛短，脑袋、尾巴和肚子上长满了毛；爪子、牙齿锐利，背上满是刺。

大多数时候，刺猬对人来说是益兽，因为刺猬的主食就是各种对农业有害的昆虫，它那些尖锐的小牙齿，是专门为吃虫子而生的。它最喜爱的食物是蚂蚁，当它嗅到地下的虫子时，会用爪子挖出洞口，然后将它的长而黏的舌头伸进洞内一转，就可以享用到美味了。不过，刺猬偶尔会干一些坏事，会偷偷溜到农田里吃农作物。

刺猬的家在灌木丛中，它白天缩在洞里休息，晚上出去活

**绒毛**

人或动物身体表面和某些器官内壁长的短而柔软的毛。绒毛有不同形状，如弯曲形、螺旋形、直形、卷曲形等。

动和觅食，一晚上能吃掉大约 200 克的虫子。刺猬虽然身体矮小，行动慢吞吞的，却有一套保护自己的好本领。刺猬身上长着粗短的刺，短小的尾巴也藏在刺中。当遇到敌人袭击时，它的头朝肚子弯曲，身体蜷缩成一团，浑身竖起尖刺，将头和身子包在刺做的铠甲里，使袭击者无从下手。

刺猬是异温动物，不能保持自己的体温稳定，所以在冬天会冬眠。刺猬在秋天快结束时开始冬眠，在温暖的春天苏醒。刺猬在巢穴中冬眠时，体温下降到 6℃，在这种情况下，刺猬是世界上体温最低的动物。刺猬睡觉喜欢打呼噜。

刺猬每年生 1—2 胎，每胎 3—6 个宝宝。刚出生的刺猬背上的毛稀疏柔软，但几天后就能逐渐变为硬邦邦的刺。母刺猬喂养幼崽 4—8 周后，便开始教授它觅食方法。大约出生两个月后，母刺猬停止照顾小刺猬，留下小刺猬独自生活。

**异温动物**
体温调节机制介乎变温动物和恒温动物之间的一种动物。一些动物，例如刺猬，在非冬眠期体温能维持相当恒定的状态，和恒温动物一样。但在冬眠季节进入冬眠状态后，体温维持在环境温度之上约 2℃，随环境的变化而变化。

# 猹

鲁迅的小说《故乡》刚发表不久，就有人问他，"猹"是一种什么动物？原来，"猹"是方言，是绍兴人给狗獾起的昵称，"猹"这种动物学名叫狗獾。

狗獾是一种哺乳动物，眼睛小，鼻子长，耳朵短而圆，身体肥，四条腿短短的。猪獾和狗獾很好区分，猪獾长着一张猪脸，狗獾长着一张狗脸。狗獾体重约5—10千克，块头大的能达到15千克，体长在50—70厘米之间。

狗獾通常把家安在森林里、灌木丛里、沙丘附近，或者在田野旁边，偷吃比较方便。

狗獾既吃肉又吃素，素食有植物的根、茎、果实，肉食有青蛙、蚯蚓、小鱼、昆虫和小型哺乳类动物。在草原地带生

活的狗獾还会偷偷地跟在狼后面，吃狼吃剩的食物。住在田野旁边的狗獾是很狡猾的，会在农作物的播种期和收获期伺机出动，趁人不注意，偷吃刚播下的种子或者即将成熟的农作物。

爱偷吃的狗獾在春天和秋天行动最积极，一般在晚上8点到9点出动，第二天凌晨4点左右回洞休息。出洞的时候，它先从洞里慢慢探出头来，脑袋转着看一圈，如果周围没有动静，就会慢慢地爬出来。它在田野中行动很快，偷偷地吃，快快地跑。进洞前，它会先在洞口休息一会儿，把身体弄干净再回洞。如果它在出洞后发现周围有动静，就暂时不回洞，会搬到临时的洞穴暂住。

狗獾有冬眠的习惯，会挖洞作为住所，洞道长达几米至十几米不等，洞里的路径纵横交错。冬眠的洞结构非常复杂，用于多年定居，有2到3个口用于出入，里面有主道、侧道及盲端，跟迷宫一样，主道四壁光滑整齐，没有杂物，末端是用干草、树枝、树叶造的窝。

在春天和秋天，狗獾会在农田附近的土堆和灌木丛处建临时的洞穴，白天入洞休息，晚上出来觅食，这类洞穴短而直，洞壁粗糙，窝小，草垫薄，只有一个出口。窝距离洞口约3—5米，直径为40—60厘米。这么说来狗獾可真够狡猾的，不过它也会露马脚，用来住的洞和用来迷惑人的洞还是不一样的。有狗獾居住的洞穴，洞口光滑，泥土疏松，上面留有足迹。

**冬眠**

某些动物在冬季时生命活动处于极度降低的状态，是动物对冬季外界不良环境条件的一种适应。蝙蝠、刺猬、极地松鼠等都有冬眠习惯。

狗獾性情比较凶，但不会主动攻击家畜和人，在被人或猎犬紧逼，并且逃不掉时，会发出短促的"哺、哺"声，同时能挺起前半身，用锐利的爪子和牙齿回击。

狗獾每年生一次宝宝，每胎2—5个仔，幼崽一个月后才能睁眼。幼獾在6—7个月就会跟随母獾出去活动和觅食，秋天离开母獾独立生活。

# 博物小练

刚才我们了解了猪獾、刺猬和貛，现在我们来检验一下学习成果吧。

1.刺猬最喜欢的食物是？（　　　）

A.蚜虫　　　B.蚯蚓　　　C.蚂蚁

2.哪一种动物的洞穴像迷宫一样？（　　　）

A.狗獾　　　B.刺猬　　　C.猪獾

3.下面哪一项不是上面三种动物的共同特点？（　　　）

A.都会冬眠　　　B.都会用爪子对抗天敌　　　C.都是哺乳动物

【答案】

1.C；2.A；3.B

# 博物点读

阅读《冬眠的奥秘》，完成练习

## 冬眠的奥秘

运用举例子、作诠释的说明方法，举出鲤鱼冬眠的例子，通俗易懂地说明了冬眠和睡觉的本质区别。

①冬眠是动物应对恶劣环境的一种策略，科学上叫"蛰伏"。有人会问，冬天里睡得多、睡得久，不就是冬眠吗？它们还真不是一回事儿，只是二者的区别不太容易看出来。像进入冬眠的鲤鱼，不吃、不喝、不游动。其鳃也

或许是冬眠了。

不会死掉了吧！

几乎不动，完全处于麻痹状态。除了呼吸，冬眠动物的体温、心跳等生命指征也都降到极低的水平，新陈代谢速率变得非常缓慢，与休克和死亡标准只差那么一点点——这就是冬眠与睡觉的本质区别。

②冬眠的意义在于，尽量减少身体内外的生命活动，将能量消耗降到最低，以挨过环境严酷的时间段。动物冬眠时，能把生命的时钟调得极慢。比如生活在北美洲的普通箱龟，冬眠时心脏5~10分钟才跳1次，实在让人惊叹。更夸张的是，它们几乎完全不呼吸，只靠皮肤吸入少许氧气。

③动物冬眠时的心脏即使在1℃的环境下也能继续跳动，因为他们的心脏可以自动去除多余的钙。如果钙太多的话，其结果就是心搏骤停。人类的心脏在太冷的情况下则无法去除多余的钙。

④科学家还发现，冬眠不是"习惯养成"的问题，而是遗传基因决定的"天赋"。这种"天赋"还与寿命的长短有关。一般来讲，哺乳动物的寿命与体型相关：体型小的新陈代谢快，寿命短；体型大的新陈代谢慢，寿命长。比如大象就活80年，兔子7、8岁就算高寿。而蝙蝠打破了这个规律——冬眠的菊头蝠和同体型的不冬眠的老鼠相比，前者可以活到30多岁，后者却只有3、4岁。如果在同一物种中比较，依然是冬眠的寿命要长很多，如蝙蝠或者棕熊。

运用作比较、列数字的说明方法，列出大象和兔子的寿命，并将大象和兔子的寿命加以比较，突出强调了哺乳动物体型越大，寿命越长的规律。

运用列数字、作比较、举例子的说明方法，将冬眠的菊头蝠与不冬眠的老鼠进行比较，以准确的数字说明蝙蝠打破了"体型小的新陈代谢快，寿命短；体型大的新陈代谢慢，寿命长"这个规律。

⑤冬眠是当下的热门研究领域。如果人类能像动物们一样冬眠，收获的就绝不仅仅是睡大觉的幸福感，也许还能长生不老。虽然对蝙蝠和棕熊等冬眠动物的研究能确定冬眠基因与长寿有关。但这些动物毕竟与我们人类相差太远。不过，在 2004 年，有个轰动科学界的发现：居然有一种猴子能冬眠！而人类跟猴子同属灵长类动物，基因相似性很高。如果猴子能冬眠，这意味着我们人类也有可能做到。到那时，我们的寿命说不定可以达到 800 岁！

选自《博物》总第 146 期，有删减

第②段加点词语"几乎"能否删去，为什么？

**【答案】**

不能。"几乎"表示接近于。"几乎完全不呼吸"说明还是有呼吸的，去掉后，意思就变成了一点儿都不呼吸，太绝对，与生物学知识不符，这正体现了说明文语言的准确性。

**【解析】**

回答这类题目，一般采用三步法，即首先回答不能，然后指出该词在原句中的意思和作用，接着说去掉会变成什么情况，如与实际不符或说法过于绝对等，这个词体现了说明文语言的准确性，所以不能删掉。

拓展栏 *i*

## 不同的动物怎样调节体温

有的动物基本不主动调节体温，体温随周围环境温度变化而变化，它们是变温动物，比如青蛙、蛇、鳄鱼等；有些动物有时主动调节体温，有时随遇而安，它们是异温动物，比如刺猬；有些动物一年四季都能调节体温，维持体温大致稳定，它们是恒温动物，比如鸟类、猴子、熊猫等。

变温动物基本不主动调节体温，天气热了，它的体温就高；天气冷了，它的体温就低。因为变温动物基本不需要消耗能量来调节体温，相比恒温动物，同样重量的变温动物只需要 1/10—1/3 的能量就能过活，因此也只需要相对少的食物。这么说来，当变温动物也有优势，那就是可以在食物供给相对不足的条件下存活。

然而，在同样的环境下，恒温动物大多时候可以把变温动物逼到灭绝，这是为什么呢？因为恒温动物体温稳定，可以找食物的时间比较多。虽然恒温动物调节体温需要更多的能量，但是它能在变温动物休息时去找食物，在抢夺食物和生存空间上占据先机。

科学家们研究发现，在进化的过程中，哺乳动物和鸟类都会把自己调节体温的本领施展到最大限度，一般来说，动物调节体温的本领越大，适应环境的能力越强。

然而，有学者提出了一个问题，调节体温耗费的能量过多，那需要摄入的食物也更多呀，如果环境太冷，身体还硬要维持体温，身体里没有那么多能量可用，不就有生命危险了吗？许多恐龙化石都是蜷缩成一团的姿势，是不是因为恐龙是恒温动物，遇上了极端寒冷的天气，身体不足以维持体温，冻死了呢？

这一个个未解之谜，等着你去探索。

# 第八章

## 好的故事

本文中作者梦到了"好的故事",醒来之后想要追回并留住"好的故事"。本文写于 1925 年,当时帝国主义的铁蹄践踏着中国,作者相信黑暗终将过去,光明一定会到来。

# 博物积累

## 乌桕

**落叶乔木**
每年秋冬季节或干旱季节叶子全部脱落的乔木。落叶乔木一般生活在温带，夏天繁茂，冬天落叶，少数树种可以带着枯叶越冬。

乌桕（jiù）又叫木梓树，是一种**落叶乔木**，是我国特有的树种，已经有 1400 多年的栽培历史了。

乌桕高可达 15 米，披着暗灰色的皮，叶子是菱形或接近菱形的；种子是黑的，呈扁球形。乌桕在每年五月左右开花，秋天来临时，叶子由绿变紫、变红，叶子落下后，露出一串串"珍珠"一样的种子，这就是木籽。木籽刚开始是青色，成

熟后变黑，外壳自动裂开并掉落。

乌桕善于适应各种土壤。无论是红色土壤、紫色土壤、黄壤还是棕壤中，乌桕都能生长。乌桕还能适应不同酸碱度的土壤，中性、微酸性和钙质土都能适应，在含盐量为 0.3% 以下的盐碱土也能生长良好。

乌桕喜欢光，能耐得住短期水淹，扛得住狂风直吹，也耐得住贫瘠的土壤。乌桕对温度和降水有一定的要求，但要求不高，在年平均温度 15℃ 以上，年降雨量在 750 毫米以上地区均可栽植。

乌桕通常生长在空旷的原野、池塘边或稀疏的树林中，在海拔 500 米以下、正对阳光的平缓山坡也生长良好。

乌桕的根扎进土壤很深，侧根发达，生长较快，一般栽种后 3—4 年开花结果，如果采用嫁接的方法，可以将开花结果的时间提前 1—2 年，10 年以后进入盛果期，可延续 50 年左右。

如何栽种一棵乌桕呢？

首先要注意选优质的种子。采选的种子需要来源于年龄 20 岁以上的老树，老树要枝繁叶茂，树干笔直，结的果实多，不能生病，也不能被虫蛀。

采选种子的工作通常在 11 月中间的 10 天进行，那时候，乌桕的果实往往有 70%—80% 已经完全裂开，种子都露出来了，这时候采收种子正合适，太早了种子没熟透，太晚了种子都被鸟儿叼走吃了。

**酸碱度**

土壤酸碱度是描述土壤性质的一个指标，通常用来衡量土壤酸碱反应的强弱。主要由氢离子和氢氧根离子在土壤溶液中的浓度决定，以 pH 表示。pH 值在 6.5 到 7.5 之间的为中性土壤；6.5 以下为酸性土壤；7.5 以上为碱性土壤。土壤酸碱度一般分 7 级。

**嫁接**

植物的人工繁殖方法之一。即把一种植物的枝或芽，接到另一种植物的茎或根上，使接在一起的两个部分长成一个完整的植株。

**盛果期**

也称大量结果期，指果树从大量结出果实，到果实产量明显下降的时期。

播种的工作一般在来年3—4月份进行，一般用播撒种子的方法，优良的品种用嫁接法。乌桕树苗的移栽应该在春暖时进行，如果苗木较大，最好带着土球一块移栽。栽后2—3年内要注意防治病虫害，每隔一段时间就要锄草施肥。

用乌桕来做绿化工作效果甚好，乌桕能适应各种土壤，在山地、丘陵间都能生长，许多人工种植的树林中都有乌桕树的身影。

**丘陵**

指绝对高度在500米以内，相对高度不超过200米，由各种岩石组成的坡面组合体，起伏不大，坡度较缓，地面崎岖不平，由连绵不断的低矮山丘组成的地形。

# 胭脂

胭脂不仅是涂抹在脸上的化妆品，也是一种用于画图的颜料。作为化妆品的胭脂又叫腮红，用来美容。胭脂有各种色系，红色系的最多，也有褐色系、蓝色系、古铜色系、米色系等，不同颜色是为了满足不同场合的装扮要求。

古时候胭脂的主要原料是红蓝花，红蓝花颜色接近红色，经常被用来做染料。红色系的胭脂当然要用红花做。

红蓝花原产于埃及，大约在汉朝时传入中国，它的身影遍布我国古籍。它色泽红润，鲜美异常，粗犷的匈奴人也喜欢用它来打扮自己。因为"焉支山"上有红蓝花生长，"胭脂"是"焉支山"的谐音，所以"胭脂"作为对红蓝花的称呼就逐渐流传开了。

魏晋以后，红蓝花在我国被广泛种植。《齐民要术》中专门有一篇文章写红蓝花，论述了红蓝花的栽培技术，以及胭脂

**红蓝花**

红蓝花的花颜色接近红色，叶子颜色接近蓝色，所以叫红蓝花。红蓝花常用来制作染料。

**《齐民要术》**

成书于北魏末年，是北朝北魏时期，南朝宋至梁时期，中国杰出农学家贾思勰所著的一部综合性农学著作，是中国现存最早的一部完整的农书，被誉为"中国古代农业百科全书"。

**研钵**

实验中研碎实验材料的容器，配有钵杆，通常是碗状的小器皿，用杵在其中将物质捣碎或研磨。

的制造工艺。据说红蓝花的花瓣中含有红、黄两种色素，摘下盛开的红蓝花，然后放在研钵中研磨，倒掉汁水后，会得到鲜艳的红色颜料。

大概在南北朝时期，人们在红蓝花制成的红色染料中又加入了各种动物油脂，这种含有脂肪的膏成了名副其实的"胭脂"。

胭脂可分为液体胭脂、固体胭脂、膏状胭脂、凝胶胭脂等。液态胭脂流动性很强，价格便宜，但是放久了固体和液体会分层。固体胭脂是固态的，使用最方便，操作简单。膏状胭脂极为润滑，涂抹在皮肤上均匀而质感好。

# 山阴道

　　山阴道是古时候的一条官道，位于今天的浙江绍兴一带。绍兴在古时候叫会稽（kuài jī）城。山阴道一带山青水秀，山水交叠，颇具意趣。山阴道起点在今杭州萧山区，古时候归绍兴府管辖。杭州萧山区的寺坞岭，山路蜿蜒曲折，溪水潺潺流过，不时传来声声鸟鸣。行走其间，仿佛漫步在古画中。

　　山阴道一带历史悠久，文化底蕴深厚。王羲之写下《兰亭集序》的兰亭，也在山阴道上，所谓"会于会稽山阴之兰亭"。大诗人陆游曾途经山阴道，写下《游山西村》，"山重水复疑无路，柳暗花明又一村"，这曲曲折折的山水，若隐若现的村落，颇具理趣。

　　旧时的山阴道，是一条铺着石板的官道，如今，山阴道已经成了宽阔的柏油马路。虽已不全是旧时模样，但"山重水复疑无路，柳暗花明又一村"的情景仍依稀可见。

**王羲之**
字逸少，东晋时期著名书法家，有"书圣"之称。他的书法风格平和自然，笔势委婉含蓄，遒美健秀，影响深远。

**陆游**
字务观，号放翁，越州山阴（今浙江绍兴）人，南宋文学家、史学家、爱国诗人。

# 博物小练

刚才我们了解了乌桕、胭脂和山阴道，现在我们来检验一下学习成果吧。

1.下面三个地区中，乌桕适合在哪个地区种植？（　　）

A. 年平均气温 20 摄氏度，年降水量 1200 毫升的 A 地

B. 年平均气温 10 摄氏度，年降水量 1300 毫升的 B 地

C. 年平均气温 25 摄氏度，年降水量 500 毫升的 C 地

2.适合初学者使用的胭脂类型是？（　　）

A. 凝胶胭脂　　　　B. 液体胭脂　　　　C. 固体胭脂

3.会稽城是今天的哪里？（　　）

A. 杭州　　　　B. 绍兴　　　　C. 苏州

【答案】

　　1.A；2.C；3.B

# 博物点读

## 山庄湖色

避暑山庄在河北省承德市北部，是我国古代著名园林之一。她虽然名为山庄，规模却是很宏大的，那随着山势蜿蜒起伏的宫墙里有着 564 万平方米的湖光山色。当你走进山庄的正门，从玲珑精巧的宫殿区开始，而后是峰峦叠翠的山区和景色明丽的湖区。漫游山庄诸胜时，你就会亲身领略到，那以山林野趣为特色的塞外风光，远比挂在墙上的名画更有生命力，更富牵襟扯裾的力量。可以毫不夸张地说，山庄里每一颗明珠，无不使人观之辄（zhé）喜，每一处胜景，无不使人流连忘返。

但是，不知为什么，我在这山庄纵览诸胜时，不管走到哪里，总是有那么一瞬间，要把视线投向那碧波粼粼的塞湖。我不能不看她，她有着一种魅力，强烈地吸引着我。在我看来，她是绿中之绿，胜中之胜，她是镶嵌在这翡翠画屏上的鲜美晶莹的碧玉。

塞湖是山庄上湖、下湖、澄湖、银湖、镜湖、如意湖六湖的总称。那喷珠吐玉的热河泉，就活跃在澄湖的东北隅。湖上的早晨是迷人的，也许是有了热河泉的缘故吧，轻纱笼罩的湖水显得那样温柔、清澈，像多情少女的眼睛。朝霞仿佛格外垂青这湖上的晨光，它似乎等不及水面上轻柔的白纱散尽，就把自己的全部艳丽倾注进湖中了。这时，是湖上最绚丽多彩的时节。水是浓绿的，像碧玉；霞是艳红的，像胭脂。碧玉般的绿，胭脂般的红，这自然界中最鲜明、最美妙的色彩交融在一起了：绿水温情地拥抱着红霞，胭脂尽情地在碧玉上流泛。当人们为这湖上的奇观深深吸引，一时竟闹不清究竟是湖水飞上了霞中，还是红霞落进了塞湖的时候，朝日又把万道金光射向湖面了。这时湖上微风乍起，细浪跳跃，真似搅起满湖碎金。

当嬉戏的细浪潜到湖底憩息的时候，湖光又恢复了平静。那乱真的倒影，把山庄的胜景都摄取进了湖中。于是，塞湖上出现了奇妙的"水中天"。

作者的描写顺序是（　　）。
A. 由部分到整体　　B. 由整体到部分
C. 由远及近　　　　D. 由近及远

【答案】

　　B

【解析】

　　本题考查对文章结构和内容的把握。仔细读文可知，文章第一、二自然段是整体描写，其他几个自然段是局部描写，所以本文按照由整体到局部的描写顺序，先是从整体勾勒出山庄全貌的美丽迷人，接着描写局部，描绘出塞湖早晨迷人的景色。

# 古人的化妆品

古人的化妆品大致可以分为四类：妆粉、眉粉、面脂和口脂。

妆粉分为很多种，有米磨碎了制作的米粉，也有含铅的铅粉，铅粉涂在脸上会让人面色苍白，并不健康；还有各种花磨成的粉，比如茉莉粉、蔷薇硝等。

眉粉在古时候也叫黛粉，"黛"本义是一种黑色的石头，黑色石头研磨之后可以得到黑色的粉末，用来画眉毛。黑色的粉末可以和水混合，如果眉毛要画得淡一点儿，水就多放一些；如果眉毛要画得浓一点儿，水就少放一些。

面脂，即现代的腮红。涂在脸颊上，让脸看起来白里透红。胭脂就是常用的腮红，把红花碾碎了，挤出汁水留下固体部分，再晒干磨成粉就是腮红。

口脂，即现代的口红，往往是朱砂做成的。将朱砂研磨成粉，倒入水中洗掉杂质，再经过一系列复杂的流程处理，做成口红。《孔雀东南飞》里写刘兰芝的美，就写她"口如含朱丹"，嘴唇红润像含着朱丹，朱丹就是颜色红润的口红。

# 第九章

# 北京的春节

春节是我国最热闹、最隆重的节日，本文描绘了北京春节丰富多彩的民风民俗，体现了中华文化的源远流长。

# 博物积累

## 大钟寺

从北京地铁大钟寺站向西行两百余米，一座红砖青瓦的古寺映入眼帘，这便是大钟寺了。

曾经红极一时的大钟寺，如今沉淀着历史的厚重，矗立在北京的闹市旁。这座古寺在树林掩映中沐浴着阳光，享受着信徒的造访，它身处闹市，颇有"大隐隐于市"的味道。

大钟寺内的灵魂建筑，是一座大钟楼。整座钟楼上圆下方，体现了古人"天圆地方"的观念。钟楼下面是坚实的台基，台基是由青石砌成的，台基上安排了八边形的"散音池"。"散音池"，顾名思义，是让声音散开来的池子。池深70厘米，直径4米，距离钟口1米，钟发出的声音撞到散音池的墙壁上，就会反射回来，形成回声，起到"余音绕梁"的效果。

大钟是明朝永乐年间建造的，故称永乐大钟。当年朱棣当上皇帝后，一进北京就搞了几个大动作，一是修故宫，二是造大钟，三是修天坛拜天公。朱棣好不容易当上了皇帝，当然要过把皇帝的瘾了，大钟和天坛是用来祭天的，所谓"君权神

**天圆地方**

古代一种天体观。古人由于缺乏科学知识，认为天似华盖，形圆；地如棋盘，形方。"天圆地方"的设计理念，在中国古代的建筑、货币等方面均有表现，例如天坛与地坛、四合院、方孔圆钱等这些"天圆地方"的图案与结构。

授"嘛。永乐大钟高 6.75 米，直径 3.3 米，重 46.5 吨。钟内里共铸汉文咒语 16 种，梵文咒语 100 多种，共 23 万余字，真是个大块头。钟身上除了刻咒语，还刻了不少许愿的话，大致意思是希望佛祖保佑国家繁荣昌盛。

除了祭天祈福的功能，永乐大钟还是气派的乐器。钟的结构设计是很有学问的。挂钟的大架子是用粗壮的木头做的，八根主要的柱子都往内倾斜，形成三角形结构，增强稳定性。架子上还架着三根横梁，分散了压力，避免压力集中导致结构不稳定。由于结构合理，永乐大钟的架子过了几百年也没有倾斜。

曾作为皇家佛教寺庙的大钟寺，如今成了一座古钟博物馆，里面收藏着 400 多件古老的大钟。仔细观察每个朝代的大钟，我们会发现，宋朝、元朝的大钟大多数是圆筒状的，明朝以后的大钟大多数是喇叭形的，可见国人对声学、力学原理的认识在不断深入。

如今大钟寺虽已改成博物馆，但每年农历正月，也会按传统习俗举行庙会。每逢新年、春节或重大庆典时刻，馆内的永乐大钟都会鸣响。

# 白云观

白云观位于北京白云路，从唐朝时期开始修建，原本是唐玄宗祭祀道教宗师老子用的，后来成为道教信仰者心中的圣地之一。

走近白云观，你会发现建筑与植物搭配得体，相映成趣，体现了独特的审美意趣。松柏和槐树在白云观中最为常见，松柏凌寒不凋，长命百岁，千年不衰，象征着高洁的品质和永恒的生命；槐树开花时花团锦簇，清香四溢，象征着繁荣与祥和。此外，银杏树沧桑伟岸，丁香花典雅含蓄，各种不同寓意的花草树木齐聚一堂，各种美好的寓意都凑齐了。

白云观的院落基本都是四面环合的，略显封闭，但在各类盆栽的装点下显得错落有致，生机盎然。娇小朴素的米兰、清香淡雅的山茶，生长在盆子里的方寸天地间，与院落里高大的

**道教宗师老子**

道教的创始人是被称为张天师的张陵，而老子在道教中被尊为道祖，《老子》一书被改名为《道德真经》，作为道教的主要经典。老子在道教的尊称为"太上老君"，是道教三清道祖中的道德天尊。

107

乔木相映衬，趣味盎然，避免了景观设计的呆板和重复。

白云观原本是很严肃的地方，是皇帝祭祀、权贵祈福的专属场所，后来慢慢成了老百姓游乐的大公园。清朝时期，白云观常在盛大节日举行庙会。庙会各种活动花样百出，射箭、唱戏、扭秧歌、表演花鼓等，吸引人们驻足观看。庙会的人山人海吸引来很多商贩，叫卖各种小吃和玩具的商贩数不胜数，小吃有糖葫芦、汤圆、豆汁、灌肠等，玩具则有竹蜻蜓、风车、风筝之类。

白云观还有一种广受欢迎的项目，那就是"摸"。白云观有石猴雕在圆形庙门的门框上，传言开年摸一下，一年无坎坷，所以人们都喜欢去摸，这"摸猴"活动堪称每年的保留项目。白云观里面还有一只怪物，骡身、驴面、马耳、牛蹄，人称"四不像"。传说这是一只神奇的动物，摸了能治病，无论人身上哪里不舒服，只要摸了它身上对应的部位，这个病就能治好。现在去看它，它脑门部位都被人摸得发光了，这是不是说明被脱发困扰的人很多呢？

古老的白云观，如今已成为首都北京的一大名胜，吸引着各地游客来游玩。每年春节举行庙会的时候，游人来此地玩乐、祈福，烟火气甚浓。白云观早已成为北京人生活的一部分，浓浓的烟火气体现着人们对生活的热爱。

祭祀

置备供品，对神佛或祖先行礼，表示崇敬并祈求保佑。

# 火神庙

　　火德真君庙，俗称火神庙，位于北京什刹海旁。最早建于唐朝贞观六年（公元 632 年），明朝万历年间因为北京火灾太多，皇帝想祈求火神保佑，故重建了火神庙。

　　火神庙外观大气，金碧辉煌，流光溢彩，坐落于风景如画的什刹海旁，格外引人注目。庙里有三重殿宇楼阁，分别供奉火神祝融、关羽和玉皇大帝。

　　火神在古人心中的地位是相当高的，每年的 6 月 23 日，也就是传说中火神的生日，火神庙内都要举行大法会，帝王和

什刹海
北京名胜，也写作"十刹海"，因为周围原来有十座佛寺，所以叫"十刹海"，谐音"什刹海"。什刹海一直是赏景、避暑、游玩的胜地，为燕京胜景之一。

文武百官要祭拜火神。

　　古时候北京火灾比较多，人们缺乏科学常识，不了解火灾发生的原因，所以会把减少火灾的希望寄托在火神身上，经常去祭祀火神。这样做虽然有些迷信，却也体现了古人质朴善良的观念，希望借着祭祀火神的机会，宣扬谨慎用火的观念，保护自己和家人。

　　火神庙历史悠久，文化底蕴深厚，直到今天，门前香客游人依旧络绎不绝。

# 博物小练

刚才我们了解了大钟寺、白云观和火神庙，现在我们来检验一下学习成果吧。

1. 永乐大钟的架子稳定性很强，其中的原因不包括哪一项？（　　　）

A. 利用了三角形的稳定性

B. 横梁分散压力，避免了压力集中

C. 架子下面有台基

2. 白云观中，槐树的寓意是什么？（　　　）

A. 高洁的品质　　　　B. 繁荣与祥和　　　　C. 典雅与含蓄

3. 火神庙供奉的对象不包括哪一项？（　　　）

A. 玉皇大帝　　　　B. 火神祝融　　　　C. 太上老君

【答案】

1.C；2.B；3.C

博物点读

**（ 2022·珠海市香洲区期末考 ）**

[材料一]一个民族的灵魂在于文化。春节，是极富特色的中国民族文化。春节早晨，开门大吉，先放爆竹，叫作"开门炮仗"。爆竹声后，碎红满地，灿若云锦，称为"满堂红"。这时满街瑞气，喜气洋洋。我们认为放爆竹可以创造一种喜庆气氛，是节日的一种娱乐活动，它可以给人们带来欢愉和吉利。

[材料二]烟花爆竹为易燃易爆物品，极易引发火灾，对人民的生命和财产安全造成大的隐患。燃放烟花爆竹，会产生大量的有害气体，不仅会对人的身体造成伤害，还会对大气环境造成污染。同时，燃放烟花爆竹会产生巨大的冲击波，也会损害人的听力，尤其是对儿童、老年人及心脏病患者等带来不利影响。

请认真阅读材料，判断下列说法正误，用"正确""错误"表示。
①材料可能选自"春节是不是民族文化"的辩论会。（　　　）
②除夕晚上要燃放"开门炮仗"，祈求新年"开门平安"。（　　　）

③燃放烟花爆竹存在多方面的问题和隐患。（　　）

【答案】

①错误；②错误；③正确

【解析】

本题考查对材料的理解和分析。解答此类题目关键是抓住各项表述的要点，仔细理解选文的内容，结合选项判断正误。①有误，[材料一]讲述的是在春节燃放鞭炮能增加喜庆氛围，让我们过年更快乐。[材料二]讲述的是春节燃放鞭炮会污染环境，对人的生命和财产安全造成大的隐患。②有误，根据[材料一]"春节早晨，开门大吉，先放爆竹，叫作'开门炮仗'"可知，题干中"除夕晚上"的说法错误。③正确。

## 灭火器相关知识

干粉灭火器：适用于常见木材纸张等固体燃烧引起的火灾，烹调油、石油等液体燃烧引起的火灾，电器等带电设备燃烧引起的火灾，不适用于金属燃烧造成的火灾。

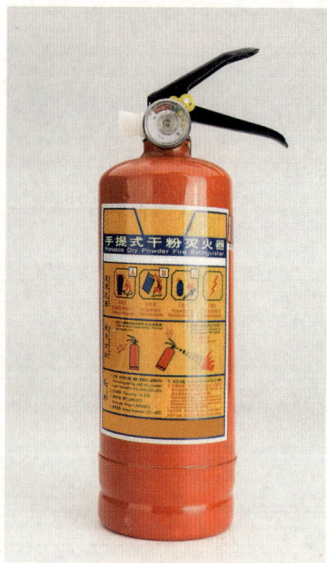

二氧化碳灭火器：适用于易燃液体及气体的初起火灾，带电设备燃烧引起的火灾。

泡沫灭火器：适用于汽油、柴油等液体燃烧引起的火灾，常见木材纸张等固体燃烧引起的火灾。不适用于水溶性可燃易燃液体引起的火灾，带电设备引起的火灾。

如何使用干粉灭火器呢？

第一步，用手提起灭火器的手提把，让灭火器底面水平，瓶体垂直。第二步，把灭火器瓶体上下颠倒摇晃几次，让瓶体内的干粉松动。第三步，找到灭火器手提把下面的环状金属物，并拔掉。第四步，在距离火焰3—5米处将灭火器的喷管瞄准火源。第五步，压住灭火器开关，喷出干粉即可。

# 第十章

# 鲁滨逊漂流记

《鲁滨逊漂流记》通过叙写鲁滨逊意外流落到荒岛上，依靠自己的勤劳与智慧在岛上生存的故事，赞美了人类探索自然、改造自然的精神。

哎呀，换我看了！

# 博物积累

## 日晷

你知道古时候的钟表是什么样的吗？

古时候人们发现，在一天中的不同时刻，太阳在天空中的位置是变化的，这种变化是有规律可循的。太阳的方位不同，投下的影子朝向也不同。于是人们就想到了可以做一个专门显示影子位置的时钟，通过观察影子的方向来判断时间。

日晷（guǐ）通常由晷针和晷面组成，晷面就是石头做的圆形表盘，晷针就是表盘圆心竖立的针。

怎么在日晷的表盘上看时间呢？

在北半球的我们看来，早晨太阳在东边，中午太阳在南边，下午太阳在西边。相对应的，物体在太阳的照射会形成影子，早晨影子在西边，中午影子在北边，下午影子在东边。

古代中国人将一天等分为十二个时辰，分别是子时、丑时、寅时、卯时、辰时、巳时、午时、未时、申时、酉时、戌时、亥时。相对应的，日晷的表盘也被分成十二个部分，十二个部分分别标注着一个时辰的名称，一天中，只需要看指针的影子投在哪个时辰的区域，就知道哪个时辰到了。这就是古人

**赤道**

地球表面的点随地球自转产生的轨迹中周长最长的圆周线。其半径为6378.2千米，周长为40075.02千米。赤道把地球分为南北两半球，赤道以北是北半球，以南是南半球。

**天球**

在天文学和导航上假想出的一个与地球有相同的圆心，相同的自转轴，半径无限大的球。

**自转轴**

地球在不停地自转，绕着一根轴转动，绕着的轴就是自转轴。

**黄道**

指地球上的人看太阳一年内在恒星之间所走的路径。地球一年绕着太阳转一圈，一天自转一圈，在地球上的我们看来，就是太阳每天绕着地球转一圈，太阳一年在天空中移动365或366圈。太阳这样移动的路线叫作黄道。

拿日晷看时间的办法。

日晷是倾斜放置的，表盘的上面朝着天空，下面朝着地面，你会发现，有时候看指针的影子要在表盘的上面看，有时候看影子要在表盘的下面看，这究竟是为什么呢？听我慢慢道来。

日晷被安放在固定的石头上，表盘的倾斜角度是有讲究的。在我们北半球，日晷的表盘呈南高北低，表盘平行于天赤道面。

什么是天赤道面呢？先说赤道。赤道是地球南北半球的分界线，赤道的形状近似一个圆圈，这个圆圈所在的平面就是赤道面。

人站在地球上，头顶上的部分都是天。天文学家就假想出一个"天球"。一个和地球有一样的球心，一样的自转轴，半径无限大的球，就叫天球。天球也有北半球和南半球，也有赤道，只不过比地球大一些而已。地球不是有赤道吗？地球不是有赤道面吗？天球也有一个"天赤道"。这个"天赤道"，就是地球的赤道面和天球相交形成的圆。

在地球上的人看来，太阳在天上运动，运动是沿着一个圆圈走的，这个圆圈叫"黄道"，是太阳的轨迹。黄道和赤道中间有一个夹角。正是因为有这个夹角，地球上才有春夏秋冬不同季节。春分时，太阳在黄道和赤道的交点上，北半球和南半球受到太阳的照射一样多，所以温度基本一样，北半球是春天，南半球是秋天；夏至时，太阳在赤道面的北面，也就是天赤道的北半球，这时北半球受到太阳的照射比南半球多，北半球比南半球热，北半球是夏天，南半球是冬天；秋分时，太阳在黄道和赤道的另一个交点上，这时北半球和南半球受到太阳的照射一样多，北半球是秋天，南半球是春天；冬至时，太阳在赤道面的下面，也就是天球的南半球，这时南半球受到太阳的照射比北半球多，北半球是冬天，南半球是夏天。

在我们北半球看来，在一年中春分到秋分之间的时段，太阳在天球的北半球，所以，太阳照射日晷时，日晷中间的针投下影子的方向在表盘的南边。春分到秋分期间，太阳总是在天赤道的北侧运行，晷针的影子投向晷面上方；从秋分到春分期间，太阳在天赤道的南侧运行，晷针的影子投向晷面的下方。所以在春分以后看晷盘的上面（在我们看来朝着天空的面）；秋分以后看晷盘的下面（在我们看来朝着地下的面）。

# 望远镜

根据生活经验，我们都知道物体是近大远小。同样一个物体，在离我们近的时候，我们看到的物体比较大；在离我们远的时候，我们看到的物体比较小。

我们在地球上，看到天上的星星很小，是因为这些星星本身很小吗？不，天上发光的恒星有的比太阳都大，但太阳是离地球最近的恒星，其他行星都要远一些，所以，我们在地球上看，太阳比那些星星都要大。

要想观察天上的星球，看清楚它们的位置和表面的样子，用肉眼肯定是做不到的，怎么办呢？要是能把它们拉近到

眼前就好了！科学家们发明、使用和改造望远镜，就是为了把天上的星球拉近到眼前，观察得更清楚。

我们都玩过放大镜，放大镜能把书上的字放大，捏一捏放大镜的镜片，你会发现，放大镜中间厚，两边薄。放大镜就是透镜的一种。透镜分为凸透镜和凹透镜，凸透镜中间厚，两边薄；凹透镜中间薄，两边厚。凸透镜和凹透镜都能让光线偏折，凸透镜能使光线会聚，凹透镜能使光线发散。

最早的望远镜是用两个透镜组成的。比如开普勒发明的望远镜，是由两个凸透镜组成的，伽利略发明的望远镜，是由一个凸透镜和一个凹透镜组成的。

遥远的星球经过开普勒望远镜成像，会成倒立、缩小的虚像，经过伽利略望远镜，也会成倒立、缩小的虚像。

实像是实际光线会聚而成的像，虚像是实际光线的反向延长线会聚而成的像。

遥远的星球先经过开普勒望远镜的物镜（凸透镜），成倒

**物镜**
这里指望远镜中离物体近的那个透镜。

**实像**

实际光线会聚而成的物体的像。

**目镜**

这里指望远镜中离人眼近的那个透镜。

**虚像**

实际光线的反向延长线会聚而成的像。

立、缩小的实像，再经过目镜（凸透镜），成正立、放大的虚像，最后成像的结果是，成倒立、缩小的虚像。虽然星球经过开普勒望远镜成像，成的像是缩小的，但是成的像离人眼睛更近，人眼观察它就观察得更清晰了。望远镜的作用，就是把天上的星体拉近到人的眼前，让人能清晰地观察到它。

为什么会成这样的像呢？大家学了物理就知道了。

经过 400 多年的发展，望远镜的功能越来越强大，观测的距离也越来越远。

# 博物小练

刚才我们了解了日晷和望远镜，现在我们来检验一下学习成果吧。

1.中午太阳在南边，影子在哪边？（　　）

A.南边　　　B.西边　　　C.北边

2.什么节气看日晷需要看表盘的上面？（　　）

A.夏至　　　B.冬至　　　C.大雪

3.伽利略望远镜由什么透镜组成？（　　）

A.两个凸透镜　　　B.两个凹透镜　　　C.一个凸透镜和一个凹透镜

【答案】

1.C；2.A；3.C

# 博物点读

## 望向宇宙深处的中国"天眼"

①世界最大单口径射电望远镜——500米口径球面射电望远镜（英文简称FAST）的总面积约为25万平方米，相当于30个足球场面积的总和。它面向苍穹，扫描太空，堪称探索宇宙奥秘的中国"天眼"。

什么都看不见。

看到了吗？

②建造 FAST 是对我国望远镜设计和制造技术的一次严格检验，因为 FAST 要把覆盖 30 个足球场的信号聚集在药片大小的空间里。要实现这样毫米级的精度，难度是可想而知的。首先，由于**热胀冷缩**，钢结构很容易变形；其次，FAST 的天线锅是一个标准的球形，在工作的时候，它要通过变换形状以在适当的地方形成 300 米直径的抛物面，FAST 用这种方法转换天线的方向，所以，它必须非常易于操作。科学家们通过控制近万根钢索以实现镜面的连续变形，这无疑需要高超的工程技术予以支持。除此之外，FAST 最令人惊叹的奇迹自然就是它的灵敏度了，它能探测百亿光年之外的射电信号，能精确探测宇宙中的物质成分，它的每块反射面上都可进行对焦，它的灵敏度相当于美国阿雷西博望远镜的 2.25 倍，巡天速度是它的 10 倍。

**热胀冷缩**
物体受热膨胀，遇冷收缩的特性，叫作热胀冷缩。

运用了列数字、作比较的说明方法，将 FAST 和美国的阿雷西博望远镜比较，突出强调了 FAST 灵敏度高的特点。

③随着 FAST 的正式竣工，它将成为全球最受期待的"观天巨眼"。那么，"_____"？

④相对于阿雷西博望远镜，FAST 显然可以做更多的事，并且获得更好的效果，因为它的接收能力更强，灵敏度更高，而一些创新技术的运用，也使它的综合性能得以大幅度提高。

⑤FAST 会在探索脉冲星方面大显身手，会是人们研究类星体之谜的利器。

⑥FAST 将成为甚长基线干涉测量网的主导力量，还将作为高灵敏度雷达对空间目标，包括卫星、空间碎片等进

行监视和成像。可以预测，FAST 必将不辱使命，为射电天文学的发展带来全新的机遇。

选自《新民晚报》，有删改

读第 3 自然段，文中的"_____"处应填（　　）

A. 这个号称"天眼"的 FAST 能当得起全球的期待吗

B. 这个"巨眼"会发挥哪些作用呢

C. 这个号称"天眼"的射电望远镜会给我们带来怎样的发现呢

【答案】

B

【解析】

本题考查对文章结构和内容的把握。短文第④⑤⑥自然段主要介绍了 FAST 的作用和用途，阅读各项中的句子，应该选择 B 项进行作答。

## 《海底两万里》与大航海时代

《海底两万里》这本书想象丰富，情节引人入胜，从侧面展示了大航海时代下各个国家的风貌。阿龙纳斯教授是法国人，神秘的尼摩船长是印度人，尼德兰是加拿大人，他们的身份、行为都反映了他们的祖国在大航海时代下的处境。

大航海时代，是西欧国家文艺复兴之后，人们的思想不断解放，再加上科技得到发展，一群有冒险精神的人驾着船去航海，发现新大陆，世界逐渐连成一个整体的过程。大航海时代之后，西欧国家积累了资本，逐渐富了起来，而发展中国家也被卷入大航海时代的旋涡。发展中国家的人遭到掠夺、欺凌甚至杀害，非洲人被卖到北美洲当奴隶，印度沦为殖民地，中国沦为半殖民地……

在大航海时代，法国是受益者。法国是大航海时代中发展起来的西欧国家之一。所以阿龙纳斯教授在登上战舰的时候，表现得很自信，在面对尼摩船长的时候，满口法律、道德、礼仪，略带傲慢。

在大航海时代，加拿大也是受益者，不过受益比法国晚，作为北美国家的加拿大，也跟着西欧国家的脚步分了一杯羹。加拿大水手尼德兰表现得热情、勇敢、爱冒险却有点急躁。

在大航海时代，印度沦为殖民地，遭到了掠夺和欺凌。1600 年之后，英国在印度设立了多家"东印度公司"，对当地人进行了残酷的掠夺，印度人民苦不堪言。

所以尼摩船长虽然很聪明，学识渊博，却显得自卑、急躁、偏激，他给人的感觉是有时候做好事，有时候做坏事。他帮助印度的穷苦工人时，显得那样善良，那样心怀天下苍生，但是他用炮弹打英国、法国的战舰，把战舰弄得沉到海里时，又显得那样残忍无情。他的这两种行为看似矛盾，其实不矛盾。作为印度人的他，深爱着自己的祖国，对同胞的苦难感同身受，所以会同情贫穷、被掠夺的同胞，而英国、法国都是欺凌、掠夺印度的国家，印度国力虚弱，无还手之力，所以尼摩船长非常仇恨英国、法国的一切。

# 第十一章

# 金色的鱼钩

"鱼钩"不仅是老班长舍己为人的生命历程的见证，更是崇高革命精神的象征。金色的鱼钩光辉不散，以老班长为代表的红军战士永垂不朽。

## 博物积累

# 青稞

青稞，是高原上的人常吃的粮食作物。

青稞的茎秆是直立的，高约 100 厘米，茎秆直径 4—6 毫米。青稞的穗带有很尖的刺，上面结着一粒一粒尖尖的种子。生物学上讲，青稞和大麦是近亲，所以青稞的穗和大麦的穗长得很像，只不过青稞是青色，大麦是橙黄色。

青稞耐得住严寒，生长周期短，产量高，是高原地区的代表农作物。在海拔 4500 米以上的高寒地带，它是唯一可以正常成熟的农作物。青稞主要在我国青藏高原一带栽种。

青稞适应环境的能力很强，在贫瘠的土壤中也能生长，一

**青藏高原**
中国最大、世界海拔最高的高原，被称为"世界屋脊""第三极"。青藏高原东西长约 2800 千米，南北宽 300—1500 千米，总面积约 250 万平方千米。

般在 3—5 月种下种子，7—9 月收割，生长周期通常为 100—130 天。在不同的生长阶段，青稞适应外界温度的极限是不一样的。在幼苗期，青稞能忍受的最低温度在大约 –10℃，花期在 9℃ 时不容易受害。乳熟期能抵御 –1℃ 的低温。

高原地区气候寒冷，青稞只能一年成熟一次。为了让土地得到充分利用，在一年中，同一片土地往往要轮流种不同的农作物，青稞和马铃薯、豆类等要轮流上阵。

如何种植青稞呢？

青稞的播种方法有点播、条播、犁沟播、撒播等。点播、条播节约种子，产量较高，宜积极推行条播。按一定距离挖出土坑，每个坑放入几粒种子，随后立即用土覆盖，叫点播。条播，是每隔一定的行距在田野里挖一条沟，将种子均匀地撒在每条沟里。

犁沟播，是使用机械、畜力或人力，借助犁具挖开沟，将种子撒在犁沟的湿润土层上。

撒播是把种子均匀撒在土壤表面，然后轻轻地在表面盖上一层土。对于播种青稞来说，常用的方法是点播和条播，这样可以更充分地利用每一寸土地，种子发芽率高。撒播也有优点，就是速度快，效率高。如果用撒播，需要多撒一些种子。

除了播种的方法，还要注意播种的深浅。通常来说，比较干旱的、砂质的土壤播种要稍微深一些，便于吸收更多水分，比较湿润的、黏质的土壤播种要稍微浅一些，幼苗长出来用的时间更短。

**乳熟期**
禾谷类作物的初熟期，此时籽粒仍为灌浆期，籽粒外表呈绿色，内部充满乳胶状的物质，含水量达 50% 以上，其胚一般已有发芽能力。

**犁具**
用来挖开、翻动土壤的工具，通常由犁头、犁架、手把、拉杆组成。

# 蚯蚓

　　蚯蚓身体呈圆柱形，两侧对称，身体被分成一节一节的，大约有100多个体节。它没有骨头，体表是裸露的，没有**角质层**，身长约100毫米，大约一根铅笔那么长。体重约0.5克，可真够苗条的。

　　蚯蚓在自然界属于分解者，有"生态系统工程师"的美称。自然界中，生物可以分为三种角色：生产者、消费者和分解者。生产者主要有绿色植物，可以进行光合作用，将**无机物**转化为**有机物**。消费者大多数是动物，以动物或植物为食，吃植物的动物直接从植物上获得有机物，吃动物的动物从被吃的动物上获得有机物。分解者把动植物的遗体、排泄物中的有机物分解为无机物，释放到环境中，供生产者再一次利用。

**角质层**

某些动植物体表的一层有机化合物，由多种结构比较复杂的成分构成，质地坚硬，有保护内部组织的作用。

**无机物**

无机化合物，通常指不含碳元素的化合物，但包括碳的氧化物、碳酸盐、氰化物等。

**有机物**

有机化合物，通常指含有碳元素的化合物，但不包括碳的氧化物、碳酸盐、氰化物等。

蚯蚓生活在潮湿、疏松、肥沃的土壤中，通过肌肉收缩向前爬行。蚯蚓大部分体节中间有刚毛，在爬行时起到支撑作用。蚯蚓喜欢阴暗的地方，会躲避阳光。蚯蚓是变温动物，体温会随着外界环境温度的变化而变化。所以蚯蚓的生命活动和外界温度密切相关。一般来说，蚯蚓能正常生活的温度在5—30℃之间。蚯蚓在0℃以下死亡，0—5℃进入休眠状态，10℃以下时活动迟钝，20—27℃时能较好地生长发育和繁殖，28—30℃时能维持一定的生长，32℃以上停止生长，40℃以上时死亡。

蚯蚓对人类意义重大。蚯蚓靠吃土壤中动植物的碎屑为生，会在地下钻洞，把土壤翻得疏松多孔，让水分和肥料更容易留在土壤中，有利于农作物生长。蚯蚓还可以做鸡、鸭等家禽的饲料和钓鱼用的诱饵。但是，如果在花瓶里养花的时候发现蚯蚓，一定要把它移出花盆。蚯蚓在大自然中对农作物的生长有益，但在花盆里却对花的生长有害。花盆内的泥土少，蚯蚓会去啃食花的根系。

刚毛
哺乳类动物的硬毛，以及其他动物体上所生的硬的毛状物。前者，例如猪身上的毛；后者如昆虫类腹部的毛等。

# 搪瓷

"搪"是抹的意思，"搪瓷"的意思就是抹瓷。在金属上抹一层瓷釉（yòu），就得到了一种性能比纯金属更好的材料——搪瓷。搪瓷又叫珐琅（fà láng），是一种复合材料。复合材料这种类型的材料出现得比较晚，由基体和增强体组成，基体是组成它的基本材料，增强体是为了增强它的性能，与基本材料组合的附加材料。对于搪瓷来说，基体就是金属，增强体就是金属表面的瓷釉。

如何制作搪瓷材料呢？

搪瓷的制作过程，就是在金属表面涂覆一层或几层瓷釉，通过高温烧制，让两者发生化学反应并牢固结合。搪瓷这种材料集合了金属和陶瓷的优点，有金属固有的性能，也有瓷釉涂层具有的耐腐蚀、耐磨、耐热、无毒和美观的特点。在金

**瓷釉**
又称陶瓷釉，是覆盖在容器表面的无色或有色的玻璃态薄层。

属表面抹上瓷釉，可以防止金属生锈，使金属耐腐蚀。搪瓷容器安全无毒，容易洗干净，而且瓷釉表面比金属更容易设计上美丽的图案。

使用搪瓷容器有哪些注意事项呢?

1. 加热前要先加水、油等液体，不能空着容器加热。

2. 首次使用搪瓷碗时不能马上高温火烧，否则会损坏搪瓷层。

3. 搪瓷锅加热完后，不能马上用冷水冲洗搪瓷，否则会使搪瓷层裂开。

4. 使用过程中千万不能将汤液烧干，否则会损坏搪瓷层。

5. 使用完后要擦干，以免容器口生锈。

6. 不能用微波炉加热搪瓷容器。

## 博物小练

刚才我们了解了青稞、蚯蚓和搪瓷，现在我们来检验一下学习成果吧。

1. 青稞在我国哪个省最为常见？（　　　）

A. 甘肃　　　　B. 西藏　　　　C. 黑龙江

2. 蚯蚓出现在哪里不是一件好事？（　　　）

A. 花盆里　　　　B. 田野里　　　　C. 野外的土壤

3. 搪瓷材料是哪一种材料？（　　　）

A. 花金属材料　　　　B. 复合材料　　　　C. 无机非金属材料

【答案】

　　　1.B；2.A；3.B

# 博物点读

## 蚯蚓和垃圾

①暑假里，妈妈带我去乡下。我发现堆垃圾的泥土里大大小小的蚯蚓特别多。另外，原来堆放的菜叶、果皮、纸屑等垃圾也变成了松软而肥沃的土壤。我不禁想：蚯蚓是否有消化这些垃圾的作用呢？为了搞明白这个问题，我做了两组实验。

作者提出了问题，基于问题，展开了一个假设：蚯蚓可能有消化垃圾的作用。基于假设，他准备用实验来验证。假设—验证是我们常用的科学研究方法。

放蚯蚓进去，花会长得更好。

快拿开！

②做第一组实验时，我精心挑选了一个不透光的盒子，在盒子里堆了三堆土：黑土、黄土和含较多腐（fǔ）殖（zhí）质的垃圾土。这三种土不但温度、湿度都相同，而且体积也差不多。然后我将10条大小不同的蚯蚓放进盒子，盖好盒盖。过了15分钟，我发现有6条蚯蚓钻进了垃圾土里。通过第一组实验，我知道了蚯蚓能适应阴暗、潮湿的环境，而且在同样条件下，它更喜欢含较多腐殖质的垃圾土。

③进行第二组实验时，我挖了两个大小相等的长方形土坑，并把四壁和底部用砖头砌（qì）实。将菜叶、果皮、废纸等垃圾切细，与少量的黄土和水混合后平均分成两份，分别放入这两个坑中。在其中一个坑里放了20条大小不同的蚯蚓，而另一个坑里不放蚯蚓，盖上盖子，每隔两天观察一次。第五次观察时，我发现有蚯蚓的垃圾变成了松软而肥沃的土壤，而无蚯蚓的垃圾已经腐烂。第二组实验，让我知道了蚯蚓可以从垃圾中吸取营养，能消化人们废弃的部分生活垃圾。

小作者翔实地展示了实验过程，并且通过对照，逐渐发掘了一些重要信息。

④面对实验结果，我不由萌生了一个念头：现在城市垃圾处理问题日益严峻，许多地方出现了"垃圾围城"的现象，我们可以用蚯蚓来消化一些生活垃圾，这样既可减少垃圾对环境的污染，又可变废为宝。

阅读短文第②、③自然段，照样子填写表格。

| 实验 | 观察到的现象 | 实验结论 |
|---|---|---|
| 第一组 | 有6条蚯蚓钻进了垃圾土里 | |
| 第二组 | | 蚯蚓可以从垃圾中吸取营养，能消化人们废弃的部分生活垃圾 |

【答案】

　　蚯蚓能适应阴暗、潮湿的环境，而且在同样条件下，它更喜欢含较多腐殖质的垃圾土；有蚯蚓的垃圾变成了松软而肥沃的土壤，而无蚯蚓的垃圾已经腐烂

【解析】

　　本题考查在理解短文的基础上筛选信息的能力。第②自然段详细写了第一组实验，"通过第一组实验，我知道了……"这一句表明了实验结论。第③自然段详细写了第二组实验，"第五次观察时，我发现有蚯蚓的垃圾变成了松软而肥沃的土壤，而无蚯蚓的垃圾已经腐烂"这一句是作者观察到的现象。

## 红军长征路上用过的武器及原理

在红军长征中，"汉阳造"步枪是最常用的武器之一。步枪的工作原理，就是先压缩枪膛内的气体，再借助气体将子弹推出去，将枪膛内气体的势能转化为子弹的动能。

为了让手榴弹射程更远，红军对手榴弹进行了改造，改造后叫"马尾手榴弹"。马尾手榴弹就是在手榴弹后面连接一根粗粗的麻绳，麻绳像马尾一样。战士投掷手榴弹时，只需要握住马尾旋转几圈，再扔出去。在旋转的马尾的带动下，手榴弹会飞得更远。同时，马尾的存在让手榴弹的重心更靠前，能保证手榴弹的弹头先落地，爆炸概率更高。

# 第十二章

# 真理诞生在一百个问号之后

科学的灵感，绝不是坐等可以等来的。如果说，科学领域的发现有什么偶然的机遇的话，那么这种"偶然的机遇"只会给那些善于独立思考的人，给那些具有锲而不舍精神的人。

# 博物积累

## 紫罗兰

紫罗兰，在生物分类上属于十字花科紫罗兰属，是二年生或多年生草本植物。

紫罗兰的茎是笔直而挺立的，长着许多分枝，身高在60厘米左右。花瓣有紫红、淡红、白色或蓝色的，形状像鸡蛋，长约12毫米。种子是深褐色的，近似圆形，直径大约2毫米。

紫罗兰在4—5月绽开美丽的笑颜，看起来就像九天下凡的仙女，把自己打扮得漂漂亮亮，穿着连衣裙在春风中舞蹈。

紫罗兰生得娇贵，对生长环境的温度很挑剔，喜欢把家安在凉爽的地方，难以忍受燥热的环境，但也不能太冷。它最多能短暂忍受 -5℃ 的低温；白天适合的温度在 15—18℃ 之间，晚上适合的温度在 10℃ 左右。如果安家的地方通风情况好，就更好了。此外，紫罗兰只能在中性偏碱性的土壤中生长，忍受不了酸性土壤。此外，紫罗兰需要在光照充足的地方生长，阴暗的环境不行，阳光太刺眼也不行；它在光照和通风

**生物分类**

生物学上，生物的一般分类层次为：界、门、纲、目、科、属、种。

**草本植物**

指茎内含木质化细胞少，支持力弱的植物。草本植物体形一般都很矮小，寿命较短，茎干软弱。根据完成整个生活史的年限长短，分为一年生、二年生和多年生草本植物。

**碱性**

一种物质在溶剂中能接受其他物质的氢离子的能力。25℃下，当 pH＞7 时，溶液呈碱性。

**酸性**

一种物质在溶剂中能向其他物质提供氢离子的能力。25℃下，当 pH＜7 时，溶液呈酸性。

不充分时容易受病虫害；它不能接受太多的肥料，否则影响开花。

紫罗兰的故乡在地中海岸边，在我国南方也广泛安家。虽然它对生长环境的要求看起来蛮多的，但是我国南方的气候恰好符合紫罗兰的要求，所以在南方种植它还是比较省心的。

如何种植美丽的紫罗兰呢?

我们通常要在 9 月中旬选好湿润的土壤，播下紫罗兰的种子。播种后盖一层薄薄的细土，不再浇水，在半个月内，如果盆里的土太干燥，可将盆的一半放在水中，水会从花盆底部渗入花盆的土壤中。播种后 15 天左右，幼苗就长出来了。幼苗长到一定高度后，就该拔出来，把它固定种植到别的地方了。拔苗时千万得小心，要连着根须上带的土球一块移走，以免伤害根部。故定植前，应在土中施放些干的猪粪、鸡粪作肥料。定植后再浇些水，遮阴但要透气，如果幼苗成活，需要隔一天浇水一次，每隔 10 天施一次肥。

紫罗兰犹如下凡的仙女，它的花语与爱情有关。文学作品中，紫罗兰总是与盛夏的清凉相伴，象征着永恒的美和爱。

# 盐酸

**溶液**
一种或几种物质均一、稳定地分散在另一种物质中形成的混合物。

**溶质**
溶液中被分散的物质叫溶质。

**溶剂**
溶液中将溶质分散的物质叫溶剂。

**溶解**
指一种物质（溶质）分散于另一种物质（溶剂）中成为溶液的过程。

**胃液**
胃内分泌物的总称。纯净胃液为无色透明液体。

盐酸是无色、透明的液体，是一种水溶液，溶质是氯化氢（HCl），溶剂是水。

由于浓盐酸很容易挥发，挥发出的氯化氢气体（HCl）与空气中的水蒸气结合，形成盐酸小液滴，所以会看到白雾。在化学上，"白烟"是固体，"白雾"是液体。盐酸可以溶解在水中、酒精中，浓盐酸在被稀释的过程中，会放出大量的热。

人和其他动物的胃壁有一种特殊的功能，能把吃下去的食盐变成盐酸。盐酸是胃液的成分之一，它能杀死随食物进入胃里的细菌。此外，盐酸进入小肠后，有助于小肠吸收钙和铁。

生活中，洗厕所用的洁厕灵、给金属去锈的除锈剂，都含有盐酸。

使用盐酸时，应配合个人防护装备，如橡胶手套、护目镜等，以降低直接接触盐酸所带来的危险。作为学生，我们要在老师的指导下进行实验，实验安全不是儿戏。

盐酸腐蚀其他物体的本领很强，在实验室做实验的时候，要注意手千万不能接触浓盐酸，它会腐蚀你的皮肤！盐酸要尽量稀释成浓度低的稀盐酸再用。

稀释
在溶液中加入溶剂使溶液的浓度变小的过程。

如果身体不小心接触到了盐酸，怎么处理呢？

如果皮肤不小心接触了，立即脱掉沾了盐酸的衣服，用大量流动清水冲洗皮肤至少 15 分钟，涂抹一些肥皂水，情况严重的要看医生。

如果眼睛不小心接触了，要立即用大量流动清水彻底冲洗至少 15 分钟并就医。

如果不小心吸入了氯化氢（HCl）气体，要迅速离开现场，到空气新鲜处。如果呼吸困难，要立刻就医。

# 石蕊

石蕊地衣通常生长在海拔较高的、正对阳光的岩石上，身材矮小，能通过分泌酸性物质，让高山上的岩石表面逐渐形成松软的土壤。

石蕊试剂就是从石蕊地衣中提取出来的。

石蕊常温下呈蓝紫色粉末，溶解在水中显紫色，它是一种常用的酸碱指示剂，变色范围在 pH 值 4.5—8.3 之间。

石蕊会在酸碱溶液的不同作用下，发生分子结构的改变，变成不同颜色。

遇酸变红 PH ≤ 4.5。

弱酸、中性、弱碱不变色 4.5 < PH ≤ 8.3。

遇碱变蓝 PH>8.3。

# 博物小练

刚才我们了解了紫罗兰、盐酸和石蕊，现在我们来检验一下学习成果吧。

1. 在白天，紫罗兰适宜的生长温度是？（　　　）

A.15~18℃之间　　　　B.10℃左右　　　　C.-5℃

2. 在化学上，"白烟"是？（　　　）

A. 固体　　　B. 液体　　　C. 气体

3. 石蕊遇到 PH=3 的溶液会变成什么颜色？（　　　）

A. 蓝色　　　B. 红色　　　C. 紫色

【答案】

　　1.A；2.A；3.B

# 博物点读

（2022·晋中市期末质量监测语文试卷）

## （一）真理诞生于一百个问号之后（节选）

有人说过这样一句话：真理诞生于一百个问号之后。其实，这句话本身就是一个真理。

"?" 指的是发现问题，"!" 指的是找到真理。

纵观千百年来的科学技术发展史，那些在科学领域有所建树的人，都善于从细微的、司空见惯的现象中发现问题，不断发问，不断解决疑问，追根求源，最后把 "?" 拉直变成 "!"，找到真理。

我们没有把食物磨成粉，那怎么消化食物呢？

因为你胃里有胃酸啊！

波义耳是17世纪英国著名的化学家。一天，他急匆匆地向自己的实验室走去，路过花圃时，阵阵醉人的香气扑鼻而来，他这才发现花圃里的花已经开了。他摘下几朵紫罗兰插入一个盛水的烧瓶中，然后开始和助手们做实验。不巧的是，一个助手不慎把一滴盐酸溅到了紫罗兰上，爱花的波义耳急忙把冒烟的紫罗兰冲洗了一下，重新插入花瓶中。谁知过了一会儿，溅上盐酸的花瓣竟奇迹般地变红了。波义耳立即敏感地意识到，紫罗兰中有一种物质遇到盐酸会变红。那么，这种物质到底是什么？别的植物中会不会有同样的物质？别的酸对这种物质会有什么样的反应？这一奇怪的现象以及一连串的问题，促使波义耳进行了许多实验。由此他发现，大部分花草受酸或碱的作用都会改变颜色，其中以石蕊地衣中提取的紫色浸液最明显：它遇酸变成红色，遇碱变成蓝色。利用这一特点，波义耳制成了实验中常用的酸碱试纸——石蕊试纸。从那以后，这种试纸一直被广泛应用于化学实验中。

通过列举波义耳发明石蕊试纸的这一过程，证实了"真理诞生于一百个问号之后"这一观点。

……

在科学史上，这样的事例还有很多，这说明科学并不神秘，真理并不遥远。只要你见微知著，善于发问并不断探索，那么，当你解决了若干个问号之后，就有可能发现真理。

这一段和开头首尾照应，使文章行文紧凑，脉络清晰；强调了"真理诞生一百个问号之后"这一中心论点。

当然，见微知著、善于发问并不断探索的能力，不是凭空产生的。正像数学家华罗庚说过的，科学的灵感，绝不是坐等可以等来的。如果说科学领域的发现有什么偶然的机遇的话，那么这种"偶然的机遇"只会给那些善于独立思考的人，给那些具有锲而不舍精神的人。

## （二）稻田里的守望者（节选）

1961年7月的一天，袁隆平在一片稻田里开展观察研究。突然，他欣喜地发现了一株鹤立鸡群的水稻：株形优异，穗大粒多。从此他格外地精心照顾这株稻禾，收获的季节他得到了一把金灿灿的稻种。

第二年春天，他满怀期待地播下了这些稻种。收获的季节到了，可稻株们的表现却让袁隆平大失所望：它们高矮不一、粗细各异，没有哪一株比得上它们的妈妈。他埋头在稻田中仔细观察，详实地记录下每一株水稻的性状，常常在嘴边嘀咕着："为什么水稻会出现性状分离？"

袁隆平不断思索，认真查看资料，反复统计整理。经过不懈实践，他重拾了信心。他发现了真理：水稻存在明显的杂交优势。只要探索出其中规律，就一定能培育出人工杂交水稻，从而大幅度提高水稻的产量。秉承着这样的信念，经过无数次的实验，终于在1973年，袁隆平成功培育出人工杂交水稻，让粮食亩产量开始了质的飞跃。袁隆平也因此被誉为"杂交水稻之父"。

波义耳和袁隆平发现真理的过程惊人地相似，他们的成功都离不开发现问题并认真思索，再经过反复实践的过程。

关于选文（一）（二），下列说法不恰当的一项是（    ）。

A. 波义耳根据现象敏感地提出了一系列问题，体现了他是个善于发问的人。

B. 选文（二）中，画横线的句子抓住了人物的语言和心理描写，表现了袁隆平刻苦钻研的优秀品质。

C. 从袁隆平研究杂交水稻的经历，让人感受到他追根溯源的科学精神。

D. 波义耳和袁隆平都是留心观察、严谨求实的科学家。

【答案】

B

【解析】

本题考查内容理解的能力。选文（一）写波义耳根据现象敏感地提出了一系列问题，体现了他是个善于发问的人。选文（二）中，画横线的句子抓住了人物的语言和动作描写，表现了袁隆平刻苦钻研的优秀品质。袁隆平研究杂交水稻的经历让人感受到他追根溯源的科学精神。从两则材料来看，波义耳和袁隆平都是留心观察、严谨求实的科学家。故A、C、D项表述正确，B项错误，故选B。

## 谣言粉碎机——被误解的小苏打

说起小苏打，大家应该不陌生。做馒头、面包的过程中，通常会用小苏打做膨松剂，让馒头、面包疏松多孔，吃起来更松软，更美味。

说到苏打水，大家应该也不陌生。苏打水是小苏打的水溶液，在生活中经常用来杀菌，小苏打加入一些添加剂后，也可以做成饮料。

小苏打的学名叫碳酸氢钠，化学式为 $NaHCO_3$。正是因为生活中处处都是小苏打的身影，各种关于它的谣言也就传开了。

关于小苏打的谣言主要有两个。第一个，小苏打可以清洁牙齿，帮助去除牙垢和牙结石。第二个，小苏打可以去除铁锈，还可以去除烧水壶下面的水垢。

事实上，小苏打并不能去除牙结石。牙结石是日常生活中食物残渣没有被清洁掉，粘在牙齿上，引来细菌聚集，形成牙菌斑，牙菌斑沉积得久了，慢慢变硬，化学性质变稳定后形成的，它没那么容易和小苏打发生化学反应。通常情况下，小苏打非但不能去除牙结石，反倒会损伤牙龈，所以，不能盲目地用小苏打去除牙结石，要坚持每天刷牙，必要的时候到医院去洗牙。

小苏打也并不能去除铁锈或水垢。水垢的主要成分是碳酸钙、碳酸镁、氢氧化镁等，这些成分都不会和碱发生反应，只有酸可以除掉它们。因此小苏打不能用来除水垢。此外，铁锈的成分是氧化铁，氧化铁不和碱反应，所以小苏打并不能除去铁锈。

# 第十三章

# 真理诞生在一百个问号之后（二）

真理的诞生，不仅需要持之以恒的探索，更需要敢为人先、勇于追求那些"偶然而来的机遇"。在科学探索的过程中，"第一个吃螃蟹的人"总是能够最先推开真理殿堂的大门。

我要做一个追求真理的人！

我要做第一个吃螃蟹的人。

# 南美洲

南美洲在北美洲的南边，东边是大西洋，西边是太平洋，南边与南极洲隔海相望。南美洲陆地面积大约 1784 万平方千米，是面积第四大的大洲，第一、第二、第三分别是亚洲、非洲、北美洲。

南美洲地势西高东低。西边绵延着的安第斯山脉，全长 8900 多千米，是世界上最长的山脉；东边平原和高原交错相间，巴西高原面积约 500 万平方千米，是世界上面积第二大的高原，亚马孙平原面积约 560 万平方千米，是世界上面积最大

**安第斯山脉**
位于南美洲的西岸，从北到南全长 8900 多千米，是世界上最长的山脉。安第斯山脉从南美洲的南端到最北面的加勒比海岸，形成一道连续不断的屏障。安第斯山脉将狭窄的西海岸地区同大陆的其余部分分开，对当地地形和气候影响甚大。

的冲积平原。

南美洲气候温暖，降水充沛，冬天不冷，夏天不热。全洲除山地外，冬季最冷月的平均气温均在 0℃以上；大部分地区夏季最热的月平均气温在 26.8℃左右，远不及非洲和澳大利亚的热带地区炎热。

南美洲的原住民是黄种人，"印第安人"是欧美殖民者对他们的蔑称。南美洲古文明发源于安第斯山脉中间的高原，公元 10 世纪前后，一支原住民部族在这里建立了印加帝国。15 世纪时，印加帝国国力达到顶峰，版图几乎覆盖整个南美洲西部。印加帝国创造了灿烂辉煌的文化。屹立在崇山峻岭中的石头城，见证着古老文明曾经的辉煌。石头城是一块块石砖垒起来的，站在山脚下看石头城，就像漂浮在云端的天空之城。其中墙壁走向为弧形的石头城最令人惊叹，弧形的走向和冬至日太阳升起的轨迹高度吻合，凝结着古老民族的智慧与对太阳的崇拜。

**冲积平原**

在河流的下游，水流没有上游速度快，水流从上游侵蚀了大量泥沙，到了下游后因流速不再足以携带泥沙，使泥沙沉积在下游河道及两岸，就形成了冲积平原。

印加帝国主要信仰太阳神，自认为太阳神的后裔。每年的 6 月 24 日是印加帝国最重要的节日——太阳节，印加人民会在这个时候把自己的农作物和家畜献祭给太阳神，感谢太阳神每年赐予阳光到大地，愿动物可以成长和农作物可以丰盛。

16 世纪以来，西班牙、荷兰、英国、法国等国家陆续入侵南美洲，霸占原住民的家园，逼迫原住民到种植园、矿场做苦工，强迫原住民改变风俗习惯和宗教信仰。原住民赖以生存的家园遭到破坏，代代相传的文明遭摧毁，人口急剧下降。

到 18 世纪后半期，西欧国家的殖民统治越来越引起南美洲人民的不满。1810 年，武装起义的烈火燃遍整个南美洲。南美洲人民为争取自由和解放，进行了长期英勇的斗争。经过十多年浴血奋战，终于推翻了西班牙、葡萄牙的殖民统治。玻利瓦尔是南美洲独立战争的先驱，先后领导南美洲人民从西班牙殖民统治中解放了哥伦比亚、委内瑞拉、秘鲁等国。如今，玻利瓦尔的画像依然被印在委内瑞拉等国的货币上，每一个屹立于世界的民族都不会忘记自己的英雄。

如今，南美洲的发展中国家日益强大，在世界舞台上掌握了越来越多的话语权。亚洲、南美洲、非洲的发展中国家不断合作交流，对抑制欧美的霸权主义作用巨大。

**霸权主义**

在国际关系上，大国、强国凭借军事和经济实力，超越国际法、国际政治格局现状，一味扩张自身势力范围，操纵国际事务，干涉他国内政，甚至进行武装侵略和占领，称霸世界、主宰世界的强权政治、强权政策。

# 非洲

非洲在欧洲的南边，亚洲的西南边，南美洲的东边。非洲北边是地中海，西边是大西洋，东边是印度洋。非洲的大陆主体加上附近的岛屿，面积大约3020万平方千米。在七大洲中，非洲人口数量排在第二位，仅次于亚洲。非洲大部分地区在热带和亚热带。

非洲大陆上有广阔的高原，海拔在500米到1000米的高原占非洲总面积的60%以上。非洲海岸附近平原较多。

非洲是一个热烈如火的地方。

非洲的天气是热烈的。非洲的热带雨林一年四季都像夏天一样，热浪滚滚，时常大雨倾盆；非洲的草原夏天炎热多雨，冬天温暖干燥；非洲的沙漠终年被烈日炙烤着，雨却很难见到一滴。

**地中海**

欧洲、非洲和亚洲大陆之间的一块海域。它由北面的欧洲大陆，南面的非洲大陆和东面的亚洲大陆包围着，西面通过直布罗陀海峡与大西洋相连，是世界最大的陆间海。

**季节性枯水**

季节性河流会发生季节性枯水。季节性河流在枯水季节,河水断流、河床裸露;在丰水季节形成水流,甚至洪水奔腾。这类河流通常发源于海拔较高的山脉地区,源头及上游流域内降水量年内分布极不均匀,中下游流经沙漠地区,在枯水期因蒸发、下渗严重,导致河水断流。

非洲的河流是热烈的。尼罗河是世界上最长的河流,在埃塞俄比亚高原常常发洪水,却在沙漠地区大量蒸发而季节性枯水;刚果河一年四季都欢快地流淌着。

非洲的野生动物是热烈的。羚羊、斑马跑,狮子、猎豹追,树蛇、猿猴在树上爬得起劲,蛇鹫、灰鹦鹉在空中翱翔。

非洲的民风是热烈的。古老的非洲民歌,是用鼓槌敲、用嘴唱、用手拍、用脚踩出来的,用最简朴的演奏方式,唱响原始自然的呼唤。节日来临时,非洲人会在篝火旁跳舞,跳动的火苗伴随着人们的歌唱,点燃夜晚欢乐的时光。每当远方的客人来到非洲,非洲人会拿出食物热情款待。

非洲人对幸福的追求是热烈的。非洲是最早出现智人的土地，早期的人类在非洲的森林、草原间，用勤劳的双手，在蛮荒之地中开辟出美好的家园。在被殖民者蹂躏时，非洲人从未放弃对独立和幸福的追求。15世纪以来，西欧殖民者闯入了古老的非洲。他们拿着猎枪、绳索，像抓捕动物一样抓非洲黑人，黑人们被成群地赶上船，运到美洲当奴隶。这些人一旦被运到美洲，身上就被烙铁打上标记，被赶到种植园里日夜不息地劳作，挨饿挨打都是家常便饭。后来，西方列强用坚船利炮打开了非洲的大门，把非洲瓜分成一块一块的殖民地。第一次世界大战前，在3000多万平方千米的非洲大地上，除埃塞俄比亚和利比里亚之外的所有国家均沦为西方殖民地。在殖民统

**蛇鹫**

一种大型陆栖猛禽。它广泛分布于撒哈拉以南的非洲大部分地区。它体型似鹤，体长为1.25—1.5米，体高1.2—1.5米，体重2.3—4.27千克；体羽浅灰色，大腿黑色，飞羽黑色，有白色羽纹；尾有一对长的中央饰羽，腿长并有厚鳞保护。

**第二次世界大战**

简称二战，亦称世界反法西斯战争，以德国、意大利、日本三个法西斯轴心国及仆从国与反法西斯同盟和全世界反法西斯力量进行的第二次全球规模的战争。战争范围从欧洲到亚洲，从大西洋到太平洋，先后有 60 个国家和地区、20 亿以上的人口被卷入战争。

治下，非洲人民发起了无数次大大小小的起义，第二次世界大战之后，非洲国家终于陆续独立，1960 年一共有 17 个非洲国家脱离殖民统治，所以这一年被称为"非洲独立年"。

热烈如火的非洲大地，历经沧桑而不衰；热烈如火的非洲人，备受磨难而自强不息。

# 博物小练

刚才我们了解了南美洲和非洲，现在我们来检验一下学习成果吧。

1. 南美洲的地势是怎样的？（　　　）

A. 西高东低　　　B. 东高西低　　　C. 北高南低

2. 世界上最长的河流是？（　　　）

A. 密西西比河　　　B. 刚果河　　　C. 尼罗河

3. "非洲独立年"是哪一年？（　　　）

A.1963 年　　　B.1960 年　　　C.1967 年

【答案】

　　1.A；2.C；3.B

# 博物点读

## 水葫芦喊冤

短文采用自述口吻介绍，语言活泼，增强了说明文的趣味性。

第一段内部采用先分后总的结构，先分写水葫芦外形美，再分写水葫芦有才，可以生产大量饲料。最后总写水葫芦"才貌双全"。

我伫立在清澈的湖水中，有着荷叶状的叶片，静静绽放着美丽的蓝色花朵，非常典雅。我的学名叫凤眼莲，祖籍南美洲，是一种水生观赏植物。你知道吗？我还可以生产出大量饲料。用来喂养家畜、家禽呢。正因如此，我在家乡南美洲深受青睐，大家都夸我"才貌双全"。

世界上许多国家都看中了我的才能，想方设法请我去帮助他们，为他们产出饲料。说实话，谁愿意背井离乡啊？可我一看到他们那期盼的眼神，谁又能忍心拒绝呢？于是，我和我的兄弟姐妹被带往了世界各地。我就是20世纪30年代，怀着一腔责任感，不远万里被带到中国的。

刚来中国时，我可真没辜负大家的期望，产出了大量饲料，为中国养殖业立下了汗马功劳。因此我被大力推广到中国各个省市，大家都亲切地叫我"水葫芦"。

然而，随着我们在中国各地放手工作，我们的噩梦也随之而至。各地报纸登出了这样的新闻标题——"水葫芦阻塞河道,珠江水系泛滥成灾!""危害中国生态环境的大毒草,破坏滇池风光的冷面杀手"……一夜之间,各地纷纷打响了整治水葫芦的战役。我得承认,由于我的过度繁殖,确实阻塞了河道,但这并不是我的本意啊,只是因为我实在无法控制自身的繁殖。

我呀,有两种繁殖本领。只要条件合适,我就可以依靠匍匐枝和母枝分离的方式进行无性繁殖,繁殖数量在5天内就可增加一倍。我也可以通过开花结果产生种子的方式进行有性繁殖,一朵花大约能结出300粒种子,沉积在水下的种子可以存活5至10年,这是我的祖先为了适应环

运用列数字的说明方法,列出水葫芦一朵花结出种子的数目,具体准确地说明了水葫芦繁殖力旺盛的特点。

境练就的生存本领。因为我在家乡南美洲的时候，要面对200多种天敌的威胁呢。我必须拥有旺盛的繁殖力和生命力才能存活下去。可在中国，我们的天敌却少得可怜，于是就造成了我们泛滥成灾的局面。

但这能怪我们吗？我的特质是与生俱来的，又不是到中国以后才形成的。是你们请我来之前，没有对我进行充分的了解，没有做好调查研究，现在出了问题就全推到我头上。我不服！我冤！请读者朋友们评评理吧！

请你运用短文最后一段中的内容，跟小蜂同学来对话，说明你的观点和理由。

小峰："我认为，就不该把水葫芦引进咱们中国来！"

【答案】

我认为这种说法不正确。水葫芦旺盛的繁殖力是与生俱来的，无法控制自身的，又不是到中国以后才形成的。在我们引进水葫芦之前，没有对它进行充分的了解，没有做好调查研究，才导致了现在这种情况。我们不能完全否定它。我想只要我们采取合理的措施，可以使水葫芦的种植利大于弊。

【解析】

谈自己的看法时需注意两点：一要联系文章的主旨，二要结合个人的认识，能做到语意连贯，表述只要合理即可。

## 大陆漂移假说的证据及质疑

　　大陆漂移假说的内容是：在中生代之前，地球上只有一块大陆，被称为泛大陆，中生代开始，大陆板块开始分裂成不同板块，不同板块慢慢地漂移，距离越来越远，最终成为今天的五大洲。

　　大陆漂移的证据主要有三类：第一类，不同大陆的轮廓边缘形状吻合，可以像拼图一样拼在一起；第二类，同一种生物或生物化石出现在不同大陆边缘，而这种

生物不可能游过海洋去另一个大陆；第三类，不同大陆有几个古老的地层很相似。

第一类证据：观察各大陆的海岸线，我们会发现，南美洲大陆西侧和非洲大陆东侧的海岸线形状极为吻合，特别是巴西东端的直角突出部分和非洲西岸的几内亚湾，简直像拼图一样能拼在一起。

第二类证据：有一种爬行类动物——中龙的化石，同时在巴西和南非的地层中被发现。因此我们可以推测出，在中龙生活的年代，巴西和南非在同一片大陆上。

第三类证据：北美纽芬兰的褶皱山与西北欧斯堪的纳维亚半岛的褶皱山土层成分一致，都属于早古生代造山带。

挑战大陆漂移学说的证据也有不少，根据我国地质科学院一些学者的研究成果，大西洋及其两岸大陆的磁异常、地震层析图像、地震探测剖面的测定都说明大西洋是大陆裂谷作用裂陷形成的海洋。而且世界各大陆块都有深达 300 到 400 千米的大陆根，基本不可能远距离漂移。

更多支持大陆漂移学说或质疑大陆漂移学说的证据，等着你去进一步研究和发现。

# 第十四章

# 表里的生物

本文作者勤于观察，善于思考，虽然思考出来的结果不正确，但是这种探索的精神值得我们学习。在科学研究领域，失败是成功之母，没有探索、质疑的精神，就没有科学大发现。

# 博物积累

## 钟楼

　　钟楼，顾名思义，是用来存放大钟的楼。钟楼是我国古代城市常见的基础设施。钟楼里面摆着个那么大的钟，当然是用来传递信息的了。每次敲钟的时候，钟声可以传播得很远，通知到整座城的人。

　　钟楼的钟块头大，重量重，有专门的人管理。钟楼首先是"共享钟表"。每天到了整点，钟楼里面的大钟就会被敲响，人们听到钟声，就能判断时间了。钟楼还是战争时的必备设施。发生战争的时候，只要敲响大钟，整座城的人都能听到声

音，从而按照朝廷的安排疏散撤离。

钟楼和鼓楼一般放在同一区域，距离不远，合称"钟鼓楼"。钟楼和鼓楼都有报时的作用。钟鼓楼有两种，一种建于宫廷内，一种建于城市中心地带，多为两层建筑。宫廷中的钟鼓楼始于隋代，终于明代。它的作用除了报时之外，还作为朝廷重大聚会时的礼仪乐器，有一个词叫"礼乐文明"，"礼"和"乐"是分不开的，钟就是和礼仪分不开的乐器。

钟鼓楼除了在城市里承担报时功能，还能作为宗教事务的工具。唐代寺庙内也设钟和鼓，元、明时期发展为钟楼、鼓楼相对而建，专供佛事之用。

有一个成语叫"晨钟暮鼓"，它的意思并不是早晨敲钟在晚上打鼓，而是在早上先敲钟，然后再敲鼓，到了晚上则是反过来，先敲鼓然后再敲钟。专有名词"晓鼓"和"昏鼓"，分别指代在凌晨两点和晚上两点敲的鼓。

作为古代城市生活必不可少的公共报时设施，钟鼓楼不仅体现了古人的时间观念，也是维护社会生活秩序的标志。

知名的古城基本都设有钟楼，北京的钟楼和西安的钟楼有不少共同特点。它们的钟下面都有一个散音池，也叫回音壁。回音壁是有几面厚墙的正多边形，可以反射钟发出的声音，起到"绕梁三日"的效果。大家学了物理就会知道，声音是一种**机械波**，遇到障碍物会反射一部分回来，这就是"回声"现象。

**机械波**
机械振动在介质中的传播。机械波可以在固体、液体、气体中传播，但是不能在真空中传播。

# 三弦

三弦，顾名思义，就是用三根弦组成的乐器。

一般的琴类乐器都有至少五根弦，为什么三弦只有三根弦呢？据说三弦是在秦始皇时期出现的。秦始皇征发普通百姓到边关修长城，百姓们日复一日地做工，又累又压抑，总要找点消遣的办法吧。想玩玩乐器吧，服劳役的时候根本不让带乐器，那就试着现做一个乐器吧。于是大家就地取材，改造了一种带手柄的小摇鼓，在上面栓了三根丝弦，做成了圆形、皮面、长柄、可以弹拨的乐器，这就是三弦的前身。三弦最早在北方边疆的军队中使用，后来在民间流行起来。三弦的发明体现了劳动人民的智慧。

只有三根弦的简陋乐器，是不是只能发出三种声音，弹奏起来很单调呢？非也，非也。

只有三根弦，但是演奏的时候，可以右手拨弦，左手按在弦上不同的位置。左手按弦，右手弹弦或用拨子拨弦，这种指法和琵琶的指法相似。只要左手换一个位置按弦，三弦就能发出一种不同的声音。如果左手按住弦后，留下的这段弦比较短，发出的声音就比较清脆；如果留下的这段弦比较长，发出的声音就比较低沉。至于为什么，请阅读本章的"拓展栏"部分。

用三弦演奏时，音域间高低变化自由灵活，无论是戏曲还

**音域**

某一乐器或人声歌唱所能发出的最低音到最高音之间的范围。各音区的特性音色在音乐表现中，有着重大的作用。高音区一般具有清脆、嘹亮、尖锐的特性；而低音区则往往给人以浑厚、笨重之感。

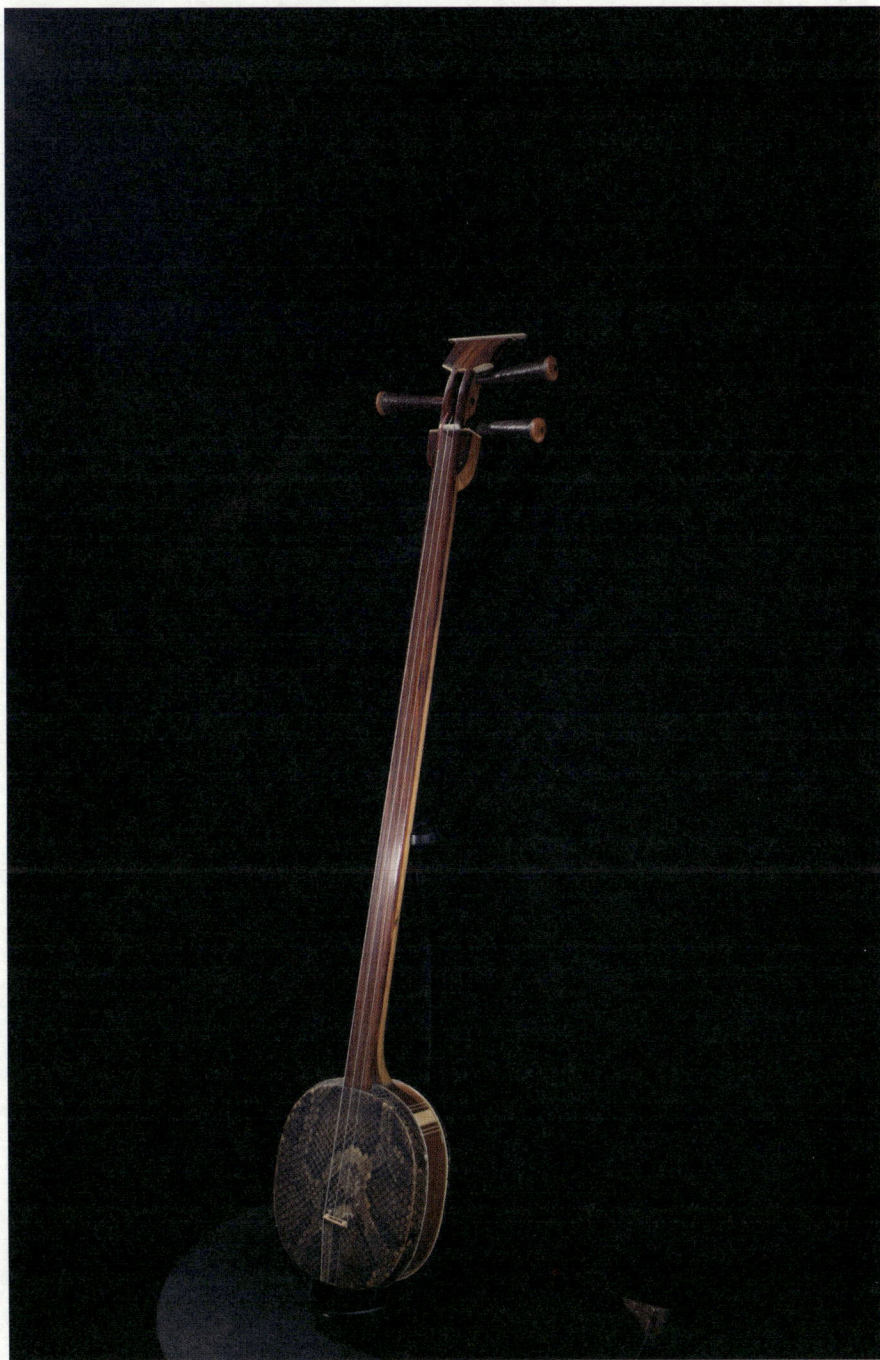

是说唱，用三弦伴奏都可以很好地烘托气氛。三弦可以奏出各种滑音，便于演奏带半音的曲调，转变音调也很灵活。

三弦音色独特，抒情性强。三弦奏出的曲调可以慷慨激昂，也可以如泣如诉，能将各种情感表达得淋漓尽致。

**滑音**

按指在弦上有意识地滑动所得出的发音，滑动的方法不同，产生的滑音效果也就不同。

**半音**

音乐上把一个八度音划分为十二个等份，两个相邻音之间的音程叫半音。

**音色**

能够发出声音的不同物体，由于它们的材料、结构不同，因此，发出声音的音色不同，人对声音的感觉就不一样。我们区分不同的人说话的声音，就是根据音色区分的。

## 博物小练

刚才我们了解了钟楼和三弦，现在我们来检验一下学习成果吧。

1. 钟楼最常见的用途是？（　　　）

A. 战争时疏散人群　　　B. 报时　　　C. 做佛教法事

2. 声音在哪里不能传播？（　　　）

A. 固体　　　B. 空气　　　C. 真空

3. 区分不同人说话的声音是靠？（　　　）

A. 音色　　　B. 音调　　　C. 响度

【答案】

1.B；2.C；3.A

博物点读

（2021·衢州市柯城区考）

上周，我校五年级学生开展了"民间故事趣品会"项目化学习活动，小明同学对家乡"衢州三怪"的故事进行了探究，以下是他搜集到的材料：

材料一：县学塘

县学塘因清代蒲松龄的《聊斋志异》记载衢州"三怪"而闻名。县学塘的白布怪，民间相传是观音娘娘的腰带遗落人间变成的，像白布铺在地上，行人经过路上，便被缠

快来看啊！传家宝便宜卖了！

身拖入塘中活活淹死。后白布怪被城隍收服，县学塘恢复平静。

材料二：衢州钟楼

衢州钟楼为明代早期古城建筑，位于北门街南端十字路口。原有 3000 斤重的铜钟，后被侵华日军所掳掠。

独角怪，民间相传是钟楼附近的赵公祠门楼顶上魁星阁中魁星手中的笔头。因笔头脱落而成怪，白天藏在钟楼上，传闻夜深时，人不能在钟楼底独自行走。因钟楼上有独角怪，头上长一角，听见人声即从钟楼上下来，青面獠牙，血盆大口，人见到吓一跳，晚上看见行人便追，直追得行人气绝身亡，独角怪亦消逝去。见到的人吓得生病，而且大多死去，故以前人夜间不行走钟楼底，后被城隍收服，钟楼重得安宁。

材料三：蛟池塘

蛟池塘古名谓菱池塘，现存遗址在衢州市区蛟池街。昔日面积广大，原种植菱角、茭白等水生果蔬，是一处饲养鸭、鹅的好场所。

老鸭怪，民间相传是王母娘娘瑶池里的老鸭精下凡。当年的蛟池塘紧邻城南的城墙脚下，到了夜深人静时分，鸭嘴怪就会发呱呱呱的叫声，谁从塘边经过，听到这种叫声，肚子里就开始隐隐作痛，回到家自然是在劫难逃。这一传说让偏僻的蛟池塘一带更觉冷落荒凉、阴森吓人，让路人谈怪色变。后老鸭怪被城隍收服，蛟池塘恢复平静。

"衢州三怪"是具有衢州地方特色的民间传说故事。请你根据以上材料，提取关键信息，完成对"衢州三怪"的信息梳理。

| 名号 | 白布怪 | | |
|---|---|---|---|
| 原型 | | 魁星手中的笔头 | |
| 出没地点 | | | 蛟池塘 |
| 害人法术 | | 长相吓人，追赶行人直至气绝身亡，见到它能把人吓病、吓死 | 叫声能让人听了肚子痛 |
| 最终结局 | | | |

长相吓人，追赶行人直至气绝身亡，见到它能把人吓病、吓死。最终结局是独角怪被城隍收服。由材料三可知，老鸭怪原型是王母娘娘瑶池里的老鸭精，出没地点是蛟池塘，害人法术是叫声能让人听了肚子痛，最终结局是老鸭怪被城隍收服。

## 不同乐器的发声原理

乐器主要有弹、敲和吹的几种。它们的发声原理有什么不同呢？

先说声音是怎样产生的。你不妨一边说话，一边摸自己的喉结，你会发现你的喉结在振动。物理上讲，声音是由物体的振动产生的。那么，不同种类的乐器分别是由哪一部分发声的呢？

各类乐器的发生部位不一样。弹的乐器，比如三弦、古筝、古琴、琵琶等，是由弦的振动发声的。

敲的乐器，比如编钟、扬琴、架子鼓等，是由乐器身体的振动发声的，编钟由钟体振动发声，扬琴由被敲击时的琴弦振动发声，架子鼓由鼓面振动发声。

吹的乐器，比如笛子、排箫、唢呐、葫芦丝等，是由乐器管道内空气的振动发声的。

你会发现，有的乐器发出的声音尖锐而高亢，有的乐器发出的声音浑厚而低沉。这里就不得不提声音的特性之一——音调。

我们在电视上看歌唱节目的时候，会发现有男高音、男低音、女高音、女低音等歌手，这里的"高"和"低"说的就是音调。听起来尖锐而高亢的声音音调高，听起来浑厚而低沉的声音音调低。音调是由声音的频率决定的。发声体振动得越快，发出声音的频率越高，音调也就越高。频率的单位是赫兹（Hz）。物体每秒振动几次，频率就是几赫兹。例如，某人的脉搏是每分钟72次，换算出来就是每秒1.2次，频率就是1.2赫兹。

现在我们的手机上都有"倍速播放"的功能，同一首歌曲，2倍速播放的时候频率高，音调高，听起来轻快活泼；0.5倍速的时候频率低，音调低，听起来沉重压抑。比如1987年的电视剧《红楼梦》，有一首插曲反复使用，那就是《晴雯歌》。《晴雯歌》可以做节日庆典的插曲，也可以做葬礼的插曲。做节日庆典的插曲时，播放得快一些，频率高一些，音调高一些，就能烘托节日喜气洋洋的气氛；做葬礼的插曲时，播放得慢一些，频率低一些，音调低一些，就能渲染葬礼上悲伤压抑的氛围。

一般情况下，小的、轻的、短的物体发出的声音音调高；大的、重的、长的物体发出的声音音调低。

在这里我们不妨做这样一个实验。拿出四个同样大小的杯子，从左到右排成一排，给每个杯子里装上不同量的水，最左边的杯子装水最少，从左到右每个杯子装的水依次增多，右边的杯子装水最多。

装好水之后，你用同样的力气从杯子口同样的位置吹里面的水，你会发现最左边的杯子发出的声音最低沉，音调最低，从左到右每个杯子的音调依次升高，最右边的杯子发出的声音最清脆，音调最高。为什么呢？因为用嘴吹的时候，发声的主体是杯子里面的空气柱，最左边的杯子空气柱最长，杯子里的空气柱从左到右依次变短，最右边的杯子空气柱最短，所以用同样的力气、在同样的位置吹时，最左边杯子发出的声音音调最低，最右边杯子发出的声音音调最高。

我们接着做下一个实验：拿来一根筷子，用同样大小的力气，从左到右依次敲每个杯子的同一个位置，你会发现，这次是最左边的杯子音调最高，从左到右每个杯子的音调依次降低，最右边的杯子音调最低。为什么呢？因为用筷子敲的时候，发声的主体是杯子和杯子里面的水。最左边的杯子里面水最少，杯子里的水从左到右依次变多，最右边的杯子里面水最多，所以用同样的力气在同样的位置敲击时，最左边杯子发出的声音音调最高，最右边被子发出的声音音调最低。

为什么我们做实验的时候，要用同样大小的力气在同样的位置吹，又要用同样大小的力气在同样的位置敲呢？因为要控制变量。我们做实验要证明，越小、越轻、越短的物体发出的声音音调越高，越大、越重、越长的物体发出的声音音调越低，就要控制其他所有条件都相同。这就是科学研究领域的"单一变量原则"，也就是"控制变量法"。